우린 아직 인터루드에 있어

우린 아직 인터루드에 있어

엘 캐피탄 에세이

We're still in our interlude

비에이블

인터루드Interlude는 멈춤이 아니다.

방향을 바꾸기 위해 잠시 흐름을 다잡는 시간일 뿐.

목차

Intro. 아직 아웃트로는 미정 ⋯ 10

Track 1.

이 노래의 제목은 아직 없기에

다시 쓰는 프롤로그 ⊙ 기다릴게 - 플레이브 ⋯ 19

이게 나인걸 ⊙ 불이 꺼지고 - 선미, 비오 ⋯ 22

랑데부 ⊙ 금요일에 만나요 (Feat. 장이정 of HISTORY) - 아이유 ⋯ 29

변해버린 것 ⊙ 너의 도시 - 정용화 ⋯ 33

꿈 ⊙ Snooze (feat. Ryuichi Sakamoto, 김우성 of The Rose) - Agust D ⋯ 36

러브 미 베터 ⊙ Girls' Capitalism - 트리플에스 ⋯ 40

스물여덟 ⊙ 에잇 (Prod.&Feat. SUGA of BTS) - 아이유 ⋯ 44

꿈의 파편 ⊙ Kangaroo - NCT U ⋯ 48

롤러코스터 위에 앉아 ⊙ 17 - 도영 ⋯ 53

흉터엔 마데카솔 ⊙ 대취타 - Agust D ⋯ 57

랑그와 파롤 ⊙ 사람 Pt.2 (feat. 아이유) - Agust D ⋯ 61

이번 생 목표는 살아남는 것
▶ Stay Alive (Prod. SUGA of BTS) - 정국 … 65

권태
▶ We don't talk together (Feat. 기리보이) (Prod. SUGA) - 헤이즈 … 68

탈피할 허물도 없이
▶ That That (prod. & feat. SUGA of BTS) - 싸이 … 72

물음표 ▶ 왜요 왜요 왜? - 플레이브 … 76

타임라인 ▶ Our Season - 제로베이스원 … 79

환상은 개꿈 ▶ Drama - 투모로우바이투게더 … 82

규칙은 어기라고 있는 법 ▶ New Rules - 투모로우바이투게더 … 86

완벽의 가장자리 ▶ 화 좀 풀어봐 - 폴킴 … 89

지구는 거짓말투성이 ▶ 솔직히 - 에릭남 … 93

수줍음의 템포 ▶ No shame - 에릭남 … 98

맨땅에 헤딩 ▶ Do What You Do - 백현, UMI, EL CAPITXN … 103

데뷔 ▶ Dreamer(Narr. 아이유) - 히스토리 … 109

지나간 순간의 나에게 ▶ From - 플레이브 … 113

오랜 친구 ▶ 어땠을까 (feat. 김종완 of NELL) - Agust D … 118

Track 2.

마지막 트랙이 아닐지도 몰라

공포 ⊙ AMYGDALA - Agust D … 127

미지근한 시간 ⊙ Hitori no Yoru - 투모로우바이투게더 … 130

고통을 이기는 법 ⊙ Growing Pain - 투모로우바이투게더 … 133

과거 파묻기
⊙ Lonely Boy (네 번째 손가락 위 타투) - 투모로우바이투게더 … 136

피터 팬은 없어 ⊙ 네버랜드를 떠나며 - 투모로우바이투게더 … 140

클리셰 ⊙ 누아르 - 선미 … 145

이별 ⊙ 이별아 멈춰라 - EL CAPITXN … 148

부적응 ⊙ 부적응 (Feat. 예지) (Prod. 장이정) - 나노 … 151

외로움 ⊙ Don't Leave me - JBJ … 155

절벽에서 오줌 타기 ⊙ 꿈에서 - JBJ95 … 158

불안 ⊙ 새벽에 - 에픽하이 … 161

다시 해보자 ⊙ Girls Never Die - 트리플에스 … 165

하이 리스크 하이 리턴 ▶ 여섯 번째 여름 - 플레이브 … 168

불확실한 정답 ▶ Highway 1009 - 엔하이픈 … 173

두렵지 않아 ▶ MAMMA MIA - UNIVERSE LEAGUE … 177

항해 로그 ▶ WAY 4 LUV - 플레이브 … 182

삶의 자세 ▶ Life Goes On - Agust D … 185

어른이 되어간다는 건 ▶ 점점 어른이 되나봐 (feat. 니화) - Agust D … 188

진짜 리스펙 ▶ Respect - 방탄소년단 … 193

기약 ▶ Take Two - 방탄소년단 … 198

나만의 색채 ▶ Blue Moon - HISTORY … 201

찐득찐득한 마음 ▶ 젤리 - 핫샷 … 205

이루리 ▶ 꿈의 소녀 - 유니스 … 212

언제나 인생은 라이브 ▶ Generation - 트리플에스 … 215

Intro.
아직 아웃트로는 미정

느닷없이 저를 소개하려니 쑥스럽습니다. 아이돌로 활동하던 때에는 매일같이 "안녕하세요, 히스토리 장이정입니다." 두 문장을 자동응답기처럼 내뱉고 살았습니다. 가끔 막내, 메인보컬이라는 설정값 정도가 문장 속에 추가되었고요. 아이돌 활동을 그만둔 지금은 저를 어떻게 소개해야 할지 모르겠습니다. 요즘은 그럴 일이 많지 않아 더 어색하기도 합니다.

제 이름은 장이정이고, 2013년에 5인조 보이그룹 '히스토리'로 데뷔해서 4년간 활동했습니다. 부끄럽지는 않지만 아픈 기억입니다. 스스로 '망한 아이돌'이라 생각하던 시절이라서요. 지금은 엘 캐피탄EL CAPITXN이라는 이름으로 하이브와 함께 일하는 프로듀서이자 작곡가 매니지먼트인 벤더스프로덕션 대표로 일하고 있습니다. 아이유의 〈금요일에 만나요〉라는 노래에 피처링을 한 남자로 조금 알려지기도 했습니다. 이제는 노래를 부르기보단 만들며 살아가고 있지만요.

평생 노래하며 살 줄 알았는데 그룹 활동은 딱 4년 만에 끝이 났습니다. 하지만 그 이후에도 음악은 포기하지 않았습니다. 사실 '포기하지 않았다'보다 '포기할 수 없었다'에 가깝습니다. 음악을 계속할지 그만둘지 고상하게 선택할 만한 위치가 아니었으니까요. 아이돌로 데뷔하지 못했더라도 음악으로 먹고살지 않았을까 생각합니다. 그보다 잘할 줄 아는 것도 마음속에 더 깊이 두고 살던 것도 없습니다. 처음에는 받아들이기 힘든 변화였지만, 지금 와서 곱씹어 보면 다루는 형태가 바뀐 것뿐입니다.

죽을 때까지 이름 앞에 가수라는 직업을 붙이고 싶었는데 떼어내야 했고, 스물하나에 데뷔해서 어느덧 서른을 넘겼습니다. 서른이 지난 후부터는 시간이 참 덧없이 빠르다는 걸 체감합니다. 반짝이던 순간들은 다 어디로 사라졌는지 야속하기도 합니다. 그래서 20대에는 나이를 먹는 게 두려웠습니다. 이룬 건 없는데 속도만 붙는 시간이 얄미웠습니다. 발견되지 않는 재능을 가지고 할 수 있는 건 누군가의 눈에 띌 때까지 멈추지 않는 것뿐이었거든요.

아이돌을 그만두던 시절을 돌아보면, 그때는 실패가 제 삶을 모두 집어삼킬 줄 알았습니다. 프로듀서로 전향하고 한동안은 곡을 쓰기가 괴로워 밤잠을 설치기도 했습니다. 하지만 이젠 곡을 쓰면서 반복되는 24시간이 제법 즐겁습니다. 음악이라는 도구도 여전히 사랑합니다. 부르는 것만이 음악은 아니라는 것을 알게 되었기 때문일까요. 처음부터 괜찮았다고는 절대 말할 수 없지만, 좌절도 하고 열등감에 울기도 하고 끊임없는 의심에 괴로워하는 시간을 지나고 나니 꾸준히 달려가는 사람에게 막다른 길은 주어지지 않는다는 것을 깨달았습니다. '언젠가'라는 막연한 단어가 얼마나 무책임한 표현인지 누구보다 잘 알지만, 희망이 어느 순간 현실로 바뀌기도 하더라고요. 그런 기적을 믿고 또 기다리며 살아가고 있습니다.

끝난 줄 알았던 그 시점이 오히려 인생의 전환점이 되었습니다. 비로소 제가 진심으로 원하는 것이 무엇인지, 무엇을 좋아하는 사람인지를 더 깊이 들여다볼 수 있었습니다. 결국 실패와 방황은 저를 더 굳건하게 만들어주었고, 지금의 저를 완성해준 소중한 과정입니다. 그래서 이 책을 쓸 용기도 낼 수 있었습니다. 그때 이야기를 해보고 싶었습니다. 제 이야기가 여러분에게도 무엇이든 다시 해볼 용기를 조금이나마 더해줄 수 있기를 조심스럽게 바라면서요. 실패를 겪었음에도 저는 여전히 앞으로 나아가고 있습니다.

욕심이겠지만, 스쳐 가도 좋으니 저의 문장으로 조금이나마 꿈꾸는 하루를 보내길 바랍니다. 꿈꾸며 가졌던 다정한 사랑을 잊지 않았으면 좋겠습니다. 이 책은 평소의 저와는 어울리지 않게 그런 다감한 마음을 꾹꾹 눌러 담았습니다. 염세적이고 이타적이지 못한 제가, 수많은 누군가에게 아무런 조건 없이 이런 문장을 건넨다는 것 자체가 제법 이상한 일이라는 것도 알아주었으면 합니다.

이 책은 큰 줄기에서 제가 작업한 음악들로 엮었습니다. '이 음악도 이 사람이 작업한 곡이구나'라고 기억해주시면 감사하겠습니다. 노래를 매개로 해서 잊지 못할 작업기와 음악이 주는 메시지에 관한 사사로운 단상들을 담았습니다. 제 자식 같은 곡들이라 어느 하나도 빼놓고 싶지 않아 욕심을 많이 부렸습니다.

글쓰기라는 행위가 어쩌면 다소 심심하고 가끔은 고리타분한 숙제 같지만, 디지털 사회에서 절대 아날로그 낭만을 저버리지 않는 매개체라는 점에서 특권이기도 하지 않을까요? 제가 수많은 타인의 메시지 덕분에 조금 더 괜찮은 개인이 된 것처럼요. 요즘은 가사를 쓰기보단 비트를 만드는 쪽이지만, 활자에 온전히 집중하는 시간도 여전히 소중합니다.

저는 저의 이야기가 독백으로 끝날 줄 알았습니다. 아무리 노래해도 아무도 들어주지 않았으니까요. 그런데 기대하지 않는 순간에 기회가 오기도 합니다. 괴로운 순간은 잠깐 지나가는 인터루드일 뿐입니다. 괜찮은 아웃트로를 기다리며 천천히 걷는 것도 위로가 되어줍니다. 이렇듯, 여러분의 이야기도 외롭지 않기를 바랍니다. 때가 올 겁니다. 이번 봄이 끝나도 여름, 가을, 겨울이 지나 또 다음 봄이 찾아오듯이, 끝난 줄 알았던 당신의 음악도 다시 새로운 시작을 앞두고 있습니다. 그런 사소한 기대와 믿음을 갖는 게 우리네 인생이자 세상의 재밋거리 아닐까요?

장이정
그리고 엘 캐피탄

*We're still
in our interlude*

Track 1.

**이 노래의 제목은
아직 없기에**

다시 쓰는 프롤로그

▶ 기다릴게
플레이브

플레이브의 한 멤버가 했던 말이 마음에 와닿았습니다. 꿈이 없었던 것이 아니라 사라졌던 것이라고, 그러나 플레이브로 데뷔하며 꿈을 이루게 되었다는 진심 어린 고백이었습니다. 누구나 한 번쯤 경험했을 법한 일이 아닐까요? 이 세상의 모든 사람이 꿈을 단번에 이루며 살아가진 않으니까요.

타인의 새로운 시작을 바라보는 건 언제나 즐거운 원동력이 됩니다. 제게는 플레이브 프로듀싱이 그러했습니다. 플레이브는 디지털 기술로 구현된 버추얼 아이

INTERLUDE

돌로, 음악과 꿈으로 새로운 세상을 만들어가고 있습니다. 하지만 처음 제안을 받았을 때는 버추얼 아이돌에 대해 잘 알지 못했습니다. 더군다나 인생에서 손꼽히게 바쁜 시기라 쉽게 결정하기 어려워 고민이 길어졌습니다. 그런데 시간이 지날수록 플레이브가 지닌 진심에 점점 마음이 열렸고, '좋은 경험이 되겠지'라는 생각으로 그들의 꿈을 돕게 되었습니다. 평소의 저라면 그런 선택을 하지 않았을 텐데 이상하죠. 그렇게 시작한 작업이 지금처럼 많은 사랑을 받게 될 줄은 몰랐습니다.

〈기다릴게〉는 저에게 의미가 깊은 곡입니다. 이전까지 작업한 노래들은 가수들의 영향력이 있어 운이 좋아 가수들에게 얹혀가기만 했습니다. 그러나 이 노래는 처음으로 아무도 듣지 않는 노래를 만들 수도 있겠다고 생각했습니다. 한국에서 버추얼 아이돌이 지금보다 더 낯설 때였으니까요. 그런데도 이상하게 자신이 있었습니다. 우선 자체제작돌인 멤버들의 실력에 확신이 있었습니다. 더불어 제가 참여한 곡이어서가 아니라, 무엇보다 곡 자체도 훌륭하고요.

아련한 밴드 사운드 스타일의 노래를 만들자는 제안을 받았습니다. 그 아이디어를 토대로 트랙의 초안만 만들었는데도 너무 좋았습니다. 플레이브 멤버들이 워낙 아이디어를 세세하게 전달해줘서 수월하게 진행했죠. 그때부턴 기대가 되기 시작했습니다. 욕심이 나서 더욱 열정을 다해 작업을 도왔습니다. 어느 곡이든 열심히 하지 않는 작업은 없지만, 이 노래는 특히 애정과 손이 많이 갔습니다. 제가 만든 노래 중에 가장 취향에 가까운 곡이기도 합니다.

그렇게 진심을 담아 만들어서인지 작업을 하면서 여러 번 음악을 시작했던 처음으로 돌아간 기분이 들었습니다. 좋아하는 일을 할 때 설렘과 원동력이 얼마나 중요한지 다시 한번 깨달았습니다. 저에게 플레이브 멤버들이 좋은 원동력이 되었던 것처럼, 여러분에게도 그러한 존재가 있을 것입니다. 이번 기회가 아닌 것 같으면 다른 출발선으로 다시 돌아가면 됩니다. 프롤로그라고 여러 번 쓰지 못할 이유가 있나요?

이게 나인걸

▶ 불이 꺼지고
선미, 비오

처음에 에세이 출간 제의를 받았을 때는 '나 같은 사람이 무슨 책을 써'라고 생각했습니다. 그런데 정중하게 반려 메시지를 보내고 나서도 일상을 보내며 문득문득 그 제안이 머릿속을 여러 번 스쳐 지나갔습니다. 생각해 보면 '나 같은 사람'이라서 할 수 있는 말도 있습니다. 저는 시대의 지성인도 업계의 대가도 아닙니다. 하다못해 전 국민이 알 만큼 유명하지도 않습니다. 하지만 그래서 마음에 와닿게 전할 수 있는 메시지들이 있습니다.

남들보다 조금은 특별한 경험을 한 건 맞습니다. 저는 한때 스포트라이트를 애매하게 받다가 결국 무대에서 내려온, 흔히 말하는 '망한 아이돌'입니다. 사람마다 스포트라이트를 받는 시기와 암흑기가 있습니다. 그 사이에서 오는 공허를 견디기가 어려웠습니다. 하지만 그렇다고 무대 위에서 공허하지 않았던 것은 아닙니다. 공연이 끝나고 집에서 컵라면이나 먹고 있는 제 모습을 초라하다고 자책했으니까요. 샤프의 〈연극이 끝난 후〉라는 노래처럼 화려했던 순간들이 끝난 뒤 남겨지는 적막함 속에서 수많은 고민을 했습니다. 무대 위의 제 모습은 만들어낸 아이돌이니 진짜 저의 모습이 아니라는 고민에 빠지기도 했습니다.

〈불이 꺼지고〉는 그룹을 해체하고 한창 할 일 없어 손톱만 딱딱 깨물던 2017년에 써둔 곡입니다. 북적이던 공연장에 불이 뚝 꺼지고 적막이 찾아오는 순간처럼 사람들과 신나게 즐기다가 집으로 돌아오면 왠지 공허해집니다. 다들 어디론가 떠나 각자의 삶을 살아가겠지 싶어서요. 외로움을 잘 타지 않는 편인데 공허함은 또 다른 결의 감정인가 봅니다. 모든 게 무의미해지고, 언젠간 혼자 남을 것 같은 기분이 듭니다. 모든 현대인은 가슴속에 이러한 각자만의 찝찝한 공허를 안고 살겠죠. 그 자체로 삶을 인정하는 게 애당초 우리 인생의 숙제입니다. 그런 복잡미묘한 공허라는 감정을 노래 제목으로 표현했습니다.

이 곡은 완성하고도 세상에 내놓지 못하고 5년 동안 묵혀두었습니다. 여러 이유가 있었지만, 가장 큰 이유는 아마도 제 공허함을 들키는 게 두려웠기 때문일 겁니다. 그렇게 묵힌 끝에 2022년에야 발매한 〈불이 꺼지고〉는 저에게 있어 단순한 곡이 아니라 새로운 시작을 의미하는 프로젝트였습니다. 가수 섭외부터 뮤직비디오와 콘셉트까지 모든 과정에 직접 관여한 첫 작업이었습니다. 더 이상 노래하고 춤추지 않는 현실 그 자체를 인정한 거라고 할 수도 있습니다. 온전히 스태프 엘캐피탄으로 자리하기로 한 거죠.

제작이라는 게 쉽지 않다는 걸 깨닫기도 했습니다. 이 노래를 발매하려고 마음먹었을 때, 한창 어깨가 올

라가던 시기였습니다. 방탄소년단의 곡 작업을 하고 엔시티의 곡도 작업했으니 어깨가 으쓱해질 만도 하죠. 하지만 이 노래는 본격적인 제작에 가까웠기에 곧바로 깨달았습니다. 여태 제가 곡을 잘 쓰는 사람이라 성공한 게 아니라, 곡을 불러준 가수들이 대단한 아티스트라 얹혀갔다는 사실을요. 단순히 곡을 만드는 것과 제가 주체가 되어 하나의 앨범 프로젝트를 제작하는 건 하늘과 땅만큼 큰 차이였습니다. 겪어보지 않고 오만하게 예상했던 정도와 더 차이가 났습니다. 돈 주고도 사지 못할 경험을 했으니 마음을 잡고 나아갈 수 있는 좋은 계기가 되었죠.

이 노래를 제작하며 많은 깨달음을 얻었지만, 가장 크게 변화한 것은 공허라는 감정에 대한 감상입니다. 예전에는 공허한 모습을 들키기 싫어 애썼습니다. 하지만 지금은 공허라는 감정이 마냥 나쁘다고 생각하진 않습니다. 이 세상의 누구도 긍정적인 감정만을 느끼며 살아갈 수는 없습니다. 외로움을 느끼지 않는 사람도 때때로 '공허하다'라는 감상을 하고 사니까요. 개개인에게는 아주 다양한 감정이 있고, 저는 그중에서 공허보다는 행복을 선택하며 살아가고 싶을 뿐입니다. 저와 제가 사랑하는 사람들의 행복 말입니다. 솔직히 세상이 아름다워지고 더 나은 지구가 되는 일엔 그다지 관심을 두고 있지 않습니다. 그렇게 되면 당연히 좋겠지만, 우선은 개인의 행복이 먼저입니다. 지금은 제가 바라는 행복에 20퍼센트 정도 다다른 것 같습니다. 지금도 행복하지만 앞으로 채워나가야 할 부분들이 아직 많습니다. 남은 80퍼센트를 채우기 위해서 부단히 노력해야겠죠.

시간이 조금 걸릴지는 몰라도 열기를 잃지 않는 사람이 되고 싶습니다. 저는 그러기 위해 사소한 일상의 굴레들이 궁금해집니다. 그리고 영원히 궁금해하는 사람으로 남고 싶습니다. 제가 살아가는 서울이, 대한민국이, 지구가, 우주가 궁금합니다. 또 제 주변 지인들이, 제 노래를 들어주는 대중들이, 저를 반겨주는 팬들이, 저를 싫어하는 헤이터들이, 대한민국의 수많은 리스너들이 궁금할 것 같습니다.

무엇이든 버릴 결심을 하고 나면 괜히 아쉬워집니다. 어딘가 유용하게 쓰일 곳이 있지 않을까 다시 한 번 고민하기도 합니다. 저는 '가수'라는 직업을 포기했습니다. 하지만 노래를 만들 수는 있습니다. 음악이라는 물성이 저에게 쓰일 수 있는 곳을 다시 찾았고, 그래도 좋아하는 걸 두 번 얻은 셈이니 지금은 그렇게 공허하지 않습니다. 우리는 결국 부정적인 감정이 얹어주는 추진력을 발돋움 삼아 행복을 위해 나아가야 합니다. 그렇게 나아가는 인생을 살고 싶습니다. 앞으로도 지치지 않고, 되도록 꾸준히 말입니다.

랑데부

▶ 금요일에 만나요
(Feat. 장이정 of HISTORY)

아이유

　　　　　　　　　　새로운 만남은 언제나 기대로 가득 찹니다. 마음속으로만 품어왔던 꿈이 이뤄질 것 같은 예감이 듭니다. 동시에 첫 만남은 헷갈리기도 합니다. 어느 드라마의 주인공처럼 타인의 생각을 모조리 읽을 수 있다면 좋을 텐데요. 이왕이면 누구에게나 갈팡질팡하지 않고 좋은 첫인상을 주고 싶습니다.

　　인생에서 가장 인상적인 처음을 꼽으라면 단연 〈금요일에 만나요〉 피처링을 했던 때라고 말할 수 있습니다. 벌써 이 노래가 발매된 지 꼬박 10년이 넘었습니다.

INTERLUDE

아직도 저라는 사람을 설명하려면 빠지지 않는 곡이라는 게 자랑스럽다가도 머쓱합니다. 어쨌든 가수로서 피처링 곡만 한 대표작이 없다는 거니까요. 물론 아주 좋은 기회였습니다. 가수 시절의 운은 그때 다 썼다고 생각할 정도로요. 아직도 전주만 들어도 그 시절이 생생합니다. 대선배님의 노래에 피처링한다는 사실 자체가 거짓말 같았거든요.

감히 꿈조차 못 꾸던 순간에 발을 내딛는 기분은 어떨 것 같나요. 정말 '찢어지는' 기분이었습니다. 어느 정도 데뷔조가 꾸려졌을 때쯤 아이유의 자작곡에 피처링을 하게 된다는 소식을 전해 들었습니다. 메인보컬이던 제가 덜컥 기회를 잡은 셈이었죠. 처음 제안을 받았을 땐 얼떨떨해서 실감도 나지 않았습니다. 사실 제안이 아니고 통보였지만, 이렇게 행복한 통보가 어디 있을까요. 통보가 아니라 두근거리는 랑데부Rendezvous, 만남처럼 다가왔습니다.

데뷔도 하기 전에 거대한 프로젝트에 참여했던 터라 녹음할 때 엄청나게 애먹었던 기억이 납니다. 긴장을 많이 했던 탓인지 담백하게 부르라는 디렉션을 받고도 느끼하게 부르고 말았습니다. 녹음 시간은 점점 길어지고, 겪어본 적 없는 상황에 이마에서 식은땀만 삐질삐질 흘렸습니다. 그땐 그 '담백'이 무엇인지 도저히 감이 오지 않았습니다. 목 상태만 괜찮다면 지금 더 잘 살릴 수 있을 텐데, 이룰 수 없는 후회도 내뱉곤 합니다. 녹음 과정이 영상으로 모조리 남아 부끄럽기도 하고요. 어찌 되었든 덕분에 이름 석 자를 알렸으니 이 노래에 큰 빚을 졌습니다.

    아직 프로듀서로서는 그 정도의 운이 오지 않았기를 바랍니다. 처음 작곡을 시작했던, 엘 캐피탄이라는 이름도 없던 시절의 저라면 지금의 성과에 만족할지도 모릅니다. 모두들 처음엔 어떤 것이든 큰 꿈을 꾸어야 한다고 말하지만, 그룹이 해체하고 작곡가로 직업을 전향했을 땐 다가올 미래가 아득했습니다. 처음이 주는 설렘을 느낄 겨를도 없었습니다. 그 두려움을 떠올리며 지금 더 열심히 살아가기도 합니다. 하이브와 처음 일하게 되었던 7년 전, 그리고 그룹이 해체했던 8년 전을 돌이켜 보면 지금은 약간 배가 부른 구석이 있는 것도 사실입니다.

    이제는 '처음'에 두근거림을 느끼기 시작했습니다. 생각해 보면 이 노래와 마주했던 저의 진정한 처음에는 두근거림을 느꼈습니다. 이리저리 치이며 지내다 보니 그런 시간을 잊고 살았던 거겠죠. 더불어 아무것도 아니던 시절에 느꼈던 처음의 두려움들도 저에게 많은 의미로 남아 있습니다. 그때의 긴장과 막막함이 지금의 저를 만들었으니까요. 막막하고 어색한 처음도, 단어를 조금 바꿔 새로운 시작이라 받아들인다면 조금은 덜 두려운 하루를 맞이할 수 있지 않을까요?

변해버린 것

▶ 너의 도시
정용화

                      경상남도 진주에서 태어나 열아홉 살까지 살았습니다. 얼마 전 일이 있어 오랜만에 들렀더니 제 기억과는 영 딴판이라 익숙한 고향에 대한 기대와는 정반대로 낯설기만 했습니다. 실제로 달라진 게 아니더라도 그 몇 년 사이 제가 서울에 익숙해진 만큼 진주가 변한 것처럼 느껴졌을 수도 있겠죠. 일정이 바빠 들르지 못했지만, 어릴 때 '알토'라는 노래 연습장에 밥 먹듯 드나들었습니다. 그게 벌써 15년 전이니 아직 그 자리에 있을지 모르겠습니다. 그 시절 친구

INTERLUDE

들과 밤이 깊도록 마이크를 잡고 노래를 부르던 그 공간이 지금은 어떤 모습일까요? 어둑어둑한 노래방 안에서 열창하던 중학생과 지금의 저만큼 변해버렸을까요?

진주에 남아 있던 가족들도 이제는 다 서울로 올라와서 더더욱 발길이 뜸해졌습니다. 대대로 진주에 붙박아 살던 가족들이 전부 고향을 떠나게 된 건 오로지 저 때문이었습니다. 우울증이 온 것 같다는 아들의 전화 한 통에 온 가족이 하던 일을 접고 한달음에 서울로 집을 옮겼습니다. 평소 말이 없던 장남이 힘들다는 말을 꺼내니 깜짝 놀라셨던 것 같습니다.

서울에서는 방 두 개짜리 집에 부모님과 동생까지 해서 총 넷이서 살았는데, 그땐 작업실도 따로 없어서 그 집에서 밤새도록 작업을 했습니다. 당시에는 제가 너무 힘든 때라 가족이 함께 있는 게 안심이 되었지만, 지금 생각하면 너무 미안하고 감사합니다. 가족이란, 자식이란 뭘까요? 아직은 잘 모르겠습니다.

그때만큼 지금도 저는 계속해서 달라지고 있습니다. 가장 등을 떠미는 일이라면 디제이DJ라는 새로운 직업입니다. 매번 라이브로 진행되고 관객들과 무대를 함께 만들어가야 하니 변수가 너무 많습니다. 음악이 끊기지 않게 다음 음악을 계속 이어서 선곡해야 하는데 타이밍을 놓칠 수도 있고, 버튼 하나만 잘못 눌러도 노래가 뚝 끊겨버립니다. 그럼 공연장에는 미칠 듯한 적막만 흐르겠죠. 그래서 너무 긴장한 탓에 디제잉이 끝나면 기억이 흐릿한 경우도 있습니다. 가수로 활동할 때에도 무대에는 섰지만, 디제이로서는 사뭇 다른 공간입니다. 무대에는 익숙하다고 생각했는데, 다시 처음부터 시작하는 기분입니다.

익숙함과 낯섦은 티끌만 한 차이입니다. 익숙한 공간, 시간, 사람도 아주 얕은 차이로도 한순간에 낯설어질 때가 있습니다. 기대했던 익숙함 대신 낯섦만 남아 있을 때의 묘한 기분을 느껴본 적이 있으신가요? 돌이킬 수 없는 시간을 떠올려 보면, 그 시절의 기억이 얼마나 소중했는지 깨닫게 됩니다.

꿈

▶ Snooze
(feat. Ryuichi Sakamoto, 김우성 of The Rose)

Agust D

아주 어릴 적 부모님의 계모임에 따라갔을 때였습니다. 어른들 앞에서 마야의 〈진달래꽃〉을 불렀던 기억이 납니다. 기특해서 용돈을 쥐여주는 어른들을 보며 희열을 느꼈습니다. 그때 처음으로 가수가 되고 싶다고 생각했습니다. 아버지는 말리셨지만 무엇이든 누가 말릴수록 불타는 법입니다.

고등학교에 들어가서는 품고만 있던 꿈을 본격적으로 실행으로 옮겼습니다. 원래는 〈슈퍼스타K3〉에 지원하려 했는데 이미 마감이었습니다. 한발 늦은 거죠.

그래서 〈위대한 탄생 2〉에 지원하게 됐는데, 그때도 부모님의 반대는 여전히 심했습니다. 고등학교 땐 부모님과 싸운 기억밖에 없을 정도입니다. 부모님은 한의사나 교수가 되길 원하셨는데, 지금 궁금해봤자 아무 의미도 없겠지만 이유는 아직도 잘 모르겠습니다. 돈을 잘 버는 직업이어서일까요?

이런 말은 재수 없을 수 있지만, 계속해서 다음 라운드에 진출했습니다. 결국 생방송 무대를 앞두고 탈락했지만요. 그땐 정말 '내 인생 망했다'라고 생각했는데 얼마 지나지 않아 로엔 엔터테인먼트에서 연락이 왔습니다. '한번 가볼까?' 하는 마음으로 찾아간 자리가 얼떨결에 연습생이 되는 계기가 되었고, 그렇게 '히스토리'라는 그룹으로 데뷔했습니다. god 같은 그룹을 만들 거라던 사장님의 말과는 다르게 댄스 그룹이 되었지만 괜찮았습니다. 누군가 노래를 들어주고 무대를 응원해주다는 것 자체가 꿈만 같았습니다.

그룹이 해체했을 때는 모든 걸 잃은 기분이었습니다. 예상하지 못했던 건 아니지만 막상 현실로 닥치니

어림짐작했던 것보다 더 막막했습니다. 마음처럼 인기는 따라주질 않았고, 하나둘 군대에 가는 멤버가 생기기 시작했습니다. 자리가 비고 팬이 줄어드니 자연스럽게 활동도 멈추게 되었습니다. 해체를 논의하면서 멤버들은 울기도 화를 내기도 했습니다. 언제나 듬직하던 형들이 눈물을 흘리는 모습은 생경하고 무서웠습니다. 우리가 정말로 끝나는 기분이어서요.

그땐 그 누구도 저를 위로할 수 없었습니다. 한 해 한 해가 갈수록 진심이 느껴지는 위로를 받는 게 흔치 않습니다. 〈Snooze〉는 그런 저에게도 처음부터 끝까지 진심 어린 위로가 온전하게 느껴지는 곡입니다. 처음 들은 날, '정말 힘들었던 시절에 이 노래를 들었다면 얼마나 위로가 되었을까?' 하는 생각이 들었습니다. 당시 유일하게 저를 위로할 수 있었던 건 새로운 꿈이었거든요.

저 또한 꿈을 꿔왔고 꿈을 안고 미래를 바라보고 있는 사람으로서, 세상의 모든 사람들이 꿈을 이루는 여정에서 상처받거나 좌절하지 않았으면 하는 바람이 있습니다. 때로는 어려움에 부딪히고 기대했던 현실이 아니더라도, 헛된 꿈이 아니라 하나의 목적지로 향하는 길이라 생각하는 건 어떨까요. 그것이 성공일지 실패일지는 끝까지 아무도 모릅니다. 무엇보다도 이 노래는 꼭 가사와 함께 듣는 것을 추천합니다. 진정한 위로를 받고 싶은 날에요.

러브 미 베터

▶ Girls' Capitalism
트리플에스

저는 '트랙메이커'입니다. 보통 '작곡'이라고 하면 멜로디만 떠올리는 경우가 많지만, 그보다 먼저 트랙을 만드는 과정이 필요합니다. 트랙은 음악의 바탕이 되는 비트라고 이해하는 게 빠릅니다. 트랙이 있어야 멜로디를 쓸 수 있고, 멜로디가 있어야 하나의 음악이 완성됩니다. 트랙은 컴퓨터로 찍기도 하고, 컴퓨터에 악기를 연결해 연주하며 만들기도 합니다. 아티스트가 제일 잘할 수 있는 포인트를 찾아서 그들의 색깔을 유지하며 좋은 곡을 쓰려고 합니다.

명확하게 어떤 방향을 고안해놓고 시작하기보단 작업하면서 찾아가는 쪽이 효율적입니다.

업계에서는 멜로디를 흔히 '탑라인'이라고 부릅니다. 탑라인은 트랙 위에 얹히는 멜로디를 의미하며, '위에 놓인다'는 뜻의 'Top'과 선율을 뜻하는 'Line'에서 유래하였습니다. 탑라인은 주로 외국 작곡가한테 맡기는 경우가 많은데, 쉽게 말해 외주 개념입니다. 탑라인을 굳이 외국 작곡가에게 맡기는 이유는 최근 업계의 동향이 팝 스타일의 데모를 선호하는 경우가 많기 때문입니다. 팝 스타일은 한국의 탑라이너가 구현하는 데 한계가 있습니다. 한국에서 평생 살아온 사람과 영어권에서 자란 사람에게는 차이가 존재하니까요.

사실상 팝 느낌은 '영어'라는 언어권에서 옵니다. 한국인이 부르면 케이팝이고 외국인이 부르면 팝이죠. 그 지점을 직관적으로 표현하기 위해 외국 탑라이너와 협업이 이어지는 것입니다. 기획사에서 작업 제안이 올 때 2020년도까지만 해도 레퍼런스를 받으면 전부 가요였습니다. 반면 지금은 해외 시장을 겨냥한 곡들이 대부분이죠. 어느 것이든 정답은 없습니다. 그저 지금 추세가 그럴 뿐입니다. 트렌드에 뒤처지지 않게 발맞춰 가려고 노력 중입니다.

말보다는 행동으로 보여주고 싶습니다. 열심히 하고 있다는 말 대신, 눈에 보이는 결과물로 증명하고 싶습니다. 누군가의 음악이 되어줄 수 있다는 것, 그리고 그 음악이 또 다른 누군가에게 닿는다는 그 사실만으로도 충분히 자랑스럽습니다. '곡 좋다', '우리 애들 노래도 맡아줬으면 좋겠다'라는 반응을 마주할 때 가장 뿌듯합니다. 남들에 대한 부러움이 아닌 저를 향한 애정으로 한 걸음씩 앞으로 나아가려 합니다. 그렇게 쌓아 올린 시간이 결국 저를 가장 저답게 만들어줄 것이라 믿습니다.

나를 가장
나답게 만드는 건
언제나 음악

스물여덟

▶ 에잇
(Prod.&Feat. SUGA of BTS)

아이유

　　　　　　　　　　가끔 저만의 스물여덟을 돌이켜 봅니다. 스물여덟엔 혼자 있는 시간이 많았습니다. 딱히 이유가 있는 건 아니고 말 그대로 어쩌다 보니 그렇게 됐습니다. 고요하면서도 막막한 시간은 누구에게나 찾아오고, 저에게도 그런 시간이 있었던 거죠. 다행인 건 '때가 있다'라는 조언을 믿었던 덕분일까요. 돌이켜 보면 그렇게까지 힘들지는 않았습니다. 스물여덟의 저는 자기 연민의 굴레에 잔뜩 빠져 있었지만요.

　같이 음악을 하고 싶어서 만든 프로듀싱 팀, 벤더

스 친구들이 곁에 있었지만, 그때는 아무도 저를 도와줄 수 없었습니다. 아직 이뤄놓은 게 없으니 결국 모든 작업을 혼자서 해내야 끝나는 구조였습니다. 지금 생각하면 너무 당연한 얘기지만, 아이돌로 살아가던 시절에는 느끼지 못했던 막막함과 책임감이 밀려왔습니다. 그때는 다 같이 '장이정'이라는 아이돌을 만들어가는 구조였는데 '일반인 장이정'은 모든 걸 혼자 감당해야 한다는 현실 앞에서 그만두고 싶을 때도 많았습니다.

물론 지금은 아이돌 장이정이 과분한 대우를 받았다는 걸 압니다. 원래 세상은 혼자라는 점도요. 하지만 그땐 하루하루를 겨우 살아가는 느낌이었습니다. 누군가의 스태프로 일하는 건 처음이었으니까요. 일이 제대로 풀리기 전까지는 마치 깜깜한 방에 갇힌 기분이었습니다. '어쩔 수 없지'라고 넘기면서 버티다 보니 어느새 여기까지 왔습니다.

그렇다고 제가 모든 걸 혼자 해낸 건 아닙니다. 〈에잇〉도 그렇습니다. 처음에 트랙만 잡아두었을 때는 슴슴한 평양냉면처럼 따분하게 느껴졌습니다. 아이유가 보컬을 올리고 나서 '이건 됐다'라고 생각했죠. 트랙으로 보여줄 수 있는 게 한정적인 어쿠스틱 장르였기에 멜로디를 얹으면서 곡의 완성도가 높아졌습니다.

돌이켜 보면 예전에는 꽤 아둔했습니다. 제가 잘되는 게 저 혼자 잘났기 때문이라고 뻔뻔하게 믿을 때도 있었으니까요. 지금은 그런 생각은 접은 지 오래입니다. 모든 성공은 수많은 사람을 스쳐간다는 걸 눈으로 보고 직접 겪고 깨달았거든요.

이제는 슬프면 슬픈 대로, 외로우면 외로운 대로, 행복하면 행복한 대로 그냥 지나가게 놔둡니다. 모든 감정을 흘려보내는 것이 때로는 가장 아름다운 해결책이 되어주기도 합니다. 어쩌면 깨달음이 조금 늦었을지도 모르지만 그래도 과거의 저는 지금의 저를 부러워하겠죠. 이렇게 생각하면 조금 위안이 됩니다.

1년이 지나고 한 살쯤 더 먹는다고 해서 무언가 크게 달라지진 않습니다. 어쩌면 이 노래는 우리가 마음속으로 그려본 '스물여덟'이었을지도 모르겠습니다. 동갑인 세 사람의 감상은 사실 나이와는 상관없습니다.

만 나이가 도입된 지금은 제가 서른셋인지 서른하나인지 서른둘인지도 헷갈릴 지경입니다. 숫자가 무슨 의미가 있을까 싶다가도 의미를 두는 게 인간이라는 얄팍한 종족입니다. 그러한 우리의 스물여덟을 이 노래에 담았습니다. 수많은 스물여덟이 반복하는 무기력을 답습하지 않길 바라면서요.

꿈의 파편

▶ Kangaroo
NCT U

　　　　　　　　　　　호기심 가득하던 어린 시절엔 모든 게 다 재밌었습니다. 가끔 그 시절이 그립다가도 귀엽게 느껴집니다. 시간이 흘러 시절이 되어버린 기억이니 그럴 수 있겠죠. 세상을 알아가면서 겁이 많아졌고 두려움도 생겼습니다. 마냥 즐겁던 시절이 줄어든다는 걸 느낍니다. 그럴 때는 그 나이에 들었던 노래를 재생하면 잊고 있었던 감정이 다시금 떠오릅니다. 마음껏 사념을 내려놓던 장소와 친구들의 표정까지 생생하게요. 그 순간만큼은 아무 생각 없이 마음을 비우고 기억 그 자체를 온전히 즐기려고 합니다.

음악은 저를 과거와 현재 그리고 어딘가 새로운 곳으로 이어주는 다리입니다. 추억 속의 노래를 들으며 잊고 지냈던 감정을 떠올리다가도, 현실로 돌아와 제 안에서 새롭게 태어나는 멜로디에 집중하곤 합니다. 어쩌면 과거를 기억하는 방식도, 미래를 그리는 방식도 결국 음악입니다.

그렇게 음악만이 유일하게 저를 재밌는 곳으로 이끌어주었습니다. 해체 이후에 제가 할 수 있는 것도 작곡뿐이었습니다. 매일같이 수많은 영감이 떠올랐습니다. 절벽 끝에서 더는 물러설 곳이 없을 때 머리가 팽팽 돌아가는 것처럼, 가장 절박할 때 음악을 많이 만들었습니다. 좋아하는 유일한 행위이자 생존 방법이 '작곡'이었습니다.

힘들다고 생각할 겨를조차 없었습니다. 그런 감정에 빠질 시간도 사치였습니다. 얼른 일어나 앞으로 나아가야만 했습니다. 사념이 많아질수록 의외로 무작정 행동하는 게 머리를 비우는 데 도움이 되거든요. 또래보다 이른 나이에 사회생활을 시작해서 이른 나이에 마무리했으니, 이미 인생이 끝난 것만 같았습니다. 평생 바라왔던 꿈은 너무 잠깐 빛나고 사라졌습니다. 그땐 마치 스스로 성냥이 된 기분이었습니다. 적당한 쓸모와 짧은 사용 시간. 성냥은 몽당연필처럼 짧아질 때까지 버틸 수 없잖아요. 버티면 손을 델 뿐이니 그만두는 게 최선이었습니다.

가끔은 제가 별똥별이었다고 생각해 봅니다. 누군가에겐 반짝 빛나는 별이었을지도 모릅니다. 별은 파편조차도 빛나기 마련이니까요. 잠시라도 그런 순간을 맛보는 게 얼마나 특별한 일인지 이제는 알고 있습니다. 제가 과분한 사랑과 분에 넘치는 취급을 받고 있었다는 걸 그 자리에서 벗어나고 나서야 실감했습니다. 사랑을 주는 이들이, 응원을 건네는 이들이 있다는 게 얼마나 커다란 마음을 전해받는 행위인지 너무 뒤늦게서야 알아버렸습니다.

사실 전 겁이 많습니다. 지금도 언제까지 작업을 계속할 수 있을지 의문을 품곤 합니다. 한순간의 꿈은 손에 쥔 모래알처럼 파도에 다 휩쓸려갔는데, 남은 모래라도 모아 최대한 견고한 모래성을 쌓는 중입니다. 지금의 성과에 안주할 수는 없습니다. 더 단단해질 겁니다. 다시 찾은 프로듀서라는 꿈은 짧게 끝나지 않았으면 좋겠으니까요.

이제는 새로운 꿈을 꾸고 있습니다. 꿈을 꿀 수 있다는 건 인간에게 주어진 가장 큰 자유니까요. 단기적으로는 디제이, 장기적으로는 제작자로 도전하는 것입니다. 기회가 된다면 아이돌을 제작하고 싶습니다. 제가 겪었던 일이니 타인에겐 상처 주지 않고 꿈을 응원해주고 싶거든요. 그리고 디제이라는 꿈은 어떤 형태로든 무대로 다시 돌아간다는 것, 그 방식이 요즘 제가 찾은 낭만입니다.

낭만이 아름답기만 하느냐고 물으면 그렇다고 확답할 수는 없겠지만, 그 속에서 받는 스트레스도 열정의 크기라고 생각합니다. 어린 시절, 호기심으로 가득했던 시절이 그리울 때가 있습니다. 시간이 지나며 세상을 알게 되고, 그만큼 많은 걱정과 머뭇거림이 생겼습니다. 하지만 노래를 통해 즐거웠던 기억들을 다시 떠올리며 그 감정들이 어떻게 다시 살아나는지 깨닫습니다. 그 순간만큼은 아무 생각 없이 기억을 즐기는 법을 배우게 되었죠.

인생은 한순간에 뒤바뀌기도 하고, 늘 원하는 결과를 얻을 수는 없습니다. 하지만 그 과정들이 저를 성장하게 만들었습니다. 그리고 그 속에서 받은 사랑과 응원은 제 인생에서 가장 큰 선물이었습니다. 그 길이 어떤 형태로든 다시 제게 돌아오길 바라며 새로운 여정에서 더 많은 사람들과 함께할 수 있기를 바랍니다.

롤러코스터 위에 앉아

▶ 17

도영

롤러코스터를 타면 긴장감 때문인지 심장이 쿵쿵 세차게 뛰고 온몸이 간지럽습니다. 3초도 안 되는 낙하의 찰나가 어찌나 황홀한지 두려움 이후에는 홀가분함, 목적지에 도착했을 때의 아쉬움만 남습니다. 마치 롤러코스터처럼 그 순간에는 불만이었던 것들이 사라진 후에는 기억이 희미해져 그리울 때가 있습니다. 그럴 때는 그때의 감정이 단순한 기억이 아닌, 그 사람과 함께한 순간들의 흔적 같다는 생각이 듭니다.

INTERLUDE

또 문득 길을 걷다가 떠오르는 장면이 있습니다. 그럴 땐 그리운 게 그때인지 아니면 그저 그대라는 사람인지 궁금합니다. 그런 사람한테는 항상 고맙습니다. 생각하면 항상 롤러코스터를 탄 것처럼 그 순간으로 훅 떨어지거든요.

저에게 롤러코스터는 결국 사람입니다. 돌이켜 보면 해체를 선택하게 되었을 때는 저부터 살기도 벅차 팬들한테 '고맙다', '사랑한다'라는 인사 한마디조차 제대로 전하지 못했습니다. 분명 우리를 열심히 응원해준 팬들도 있을 텐데 제 인생만 고달프다고 생각해서 그들을 챙기지 못해 미안합니다. 그래서 지금이라도, 이제 생긴 팬들한테라도 잘해야겠다고 생각합니다. 지금의 저는 아이돌도 아니고 프로듀서일 뿐입니다. 그럼에도 저의 매력을 찾아주는 사람들에게 말랑한 마음을 주고 싶습니다.

아직은 의심하는 단계입니다. 지금 저의 사고회로로는 팬들이 갑자기 다 사라져도 이해할 것 같습니다. 있다가도 없는 게 팬이라는 존재니까요. 그들의 응원에 깊이 감사하지만, 그들이 떠나도 실망하지 않으려면 굳게 마음을 다져야합니다. 가끔은 온전한 사랑을 향해 기대고 싶다가도 그러지 않으려는 방어기제가 생겼습니다. 언제 떠나갈지 모른다고 생각하는 게 조금은 마음이 덜 쓰입니다. 아이돌 경험에서 상처를 입은 후, 현재의 달콤한 감정에 너무 빠져들지 않도록 스스로를 다잡는 습관을 가지게 된 거겠죠. 물론 언젠가 떠나간다 하더라도 제 곁을 지켜준 존재이기에 최선을 다하겠다고 다짐합니다.

사람의 마음이 양방향이 되기란 어렵습니다. 분명 마음이 통했다고 느꼈는데 갑자기 그 마음이 사라지기도 하고요. 그런 감정을 예방하기 위해 사람보다는 그 순간이 그립다고 생각합니다. 그때의 저와 그때의 상황이 그리운 거겠죠. 비슷한 상황이 온다면 '그대'는 잊고 새로운 '그때'가 생길 테니까요.

이제 겨우 서른몇 살이지만, 그 짧은 시간 속에서 크고 작은 감정들을 겪으며 점점 무뎌졌습니다. 그러니 한 살이라도 어릴 때 수많은 롤러코스터 위에 오르길 바랍니다. 여러분은 어떤 사람으로 기억되고 싶으신가요? 어떤 형태의 롤러코스터를 기다리고 있나요?

흉터엔 마데카솔

▶ **대취타**
Agust D

혹자는 사랑이 곧 자해라고 말합니다. 음, 아무래도 그렇죠. 사랑은 자해고 연민은 사치입니다. 적어도 지금은 그런 감정 따위 베풀 시간이 없습니다. 그러니 되돌아보면 예전의 저는 바보입니다. 목소리가 제대로 나오지 않을 때까지 노래를 사랑했거든요. 스스로 연민하고 스스로 사랑하고 동시에 스스로 미워했습니다. 돌이킬 수 없는 것에 감정 낭비만 미친 듯이 한 셈입니다. 상처가 딱지가 되어 흉터로 남을 때까지 말입니다.

하지만 흉터가 자리한 줄 알았던 상처는 어느새 새살이 돋아 사라졌습니다. 저에게 프로듀싱은 그런 새살 같은 존재입니다. 노래의 다른 재미를 발견한 것도 노래할 수 없었기에 생긴 기회입니다. 윤기에게 〈슈취타〉 제안을 받고 그 프로그램에서 할 만한 얘기가 있을까 고민하던 때, 문득 여전히 제가 부르는 노래를 기다려 주는 분들이 떠올랐습니다. 차라리 이젠 노래할 수 없다고 솔직하게 얘기하고 싶었습니다. 좌절에서 일어날 수 있던 이유가 〈대취타〉 때문이기도 했으니 좋은 기회가 되었습니다.

'명금일하대취타 나가신다'라는 〈대취타〉 가곡을 덜렁 받았을 땐 '이걸 할 수 있을까?' 싶어서 막막했는데 이 노래로 빌보드 작곡가가 됐습니다. 사실 혼자서 이렇게 자랑하고 다니기 너무 민망하지만, 자기 PR의 시대 아니겠습니까? 스스로 말하지 않으면 아무도 알아주지 않으니 때로는 생색을 낼 필요가 있습니다. 뭐든 남의 것일 때는 쉬워 보이는 세상에서, 저라도 저의 성취가 쉽지 않았다는 걸 알아줘야죠.

이 노래는 손에 꼽게 자랑스러운 작업 중 하나인 만큼 고민이 많았던 타이틀이기도 합니다. 국악을 힙합으로 바꾸는 과정에서 자칫하면 촌스러워지기도 쉬웠기 때문입니다. 그 간극을 적절하게 조절해서 '내가 최고야!'라는 아주 간단하고 단순한 메시지를 전달해야 했습니다. 애초에 임금이 행차하실 때 트는 노래이니 작업하는 내내 마치 조선 시대 왕이 된 양 상상했습니다. 많은 분이 들어주신 걸 보면 그래도 빙의를 제법 잘했나 봅니다.

이제 와 생각해 보면 다른 이의 메시지를 전하는 것도 저에게 의미가 됩니다. 누군가 대신해준다는 게 부담이 덜하기도 합니다. 상처는 딱지가 되어 떨어진 지 오래고요. 흉터가 남을 줄 알았는데 연고를 제때 열심히 발라준 덕분인가 봅니다. 하지만 아직 더 큰 순간이 기다리고 있다고 확신합니다. 그렇게 생각하는 게 마음 편하려나요. 이제 내려갈 일만 남았다고 하면 아쉬우니까요. 다가올 제 전성기를 상상하면서 새로운 흉터를 만들지 않으려 애쓰는 중입니다.

**앞으로 나아갈 수 있게 해준,
프로듀싱이라는 새살**

랑그와 파롤

▶ **사람 Pt.2**
(feat. 아이유)

Agust D

                  인류가 사용하는 언어는 다른 이들과의 의사소통 수단이기 때문에 서로 공통된 규칙이 존재합니다. 우리가 개별적으로 대화하는 것을 '파롤Parole', 공통된 문법이나 낱말들에 존재하는 고정된 원칙을 '랑그Langue'라고 합니다. 그리고 우리의 관계와 그 속에서 주어지는 감정도 마치 랑그와 파롤처럼 상호작용을 합니다.

    세계 종말에서 운이 끝장나게 좋아 혼자 살아남지 않는 이상, 사람과 사람 간의 관계는 끊임없이 반복

INTERLUDE

됩니다. 행복한 동화의 원칙처럼 서로의 관계에 '희'나 '락' 같은 랑그의 감정만 느끼고 싶지만, 그 관계 속에는 슬픔, 기쁨, 미련, 분노, 후회처럼 형용할 수 없는 감정들이 있습니다. 인생은 희로애락애오욕의 파롤인 법이고, 살면서 겪는 모든 관계를 자신의 뜻대로 엮어낼 수는 없습니다. 결국 인생은 랑그와 파롤이 맞물려 굴러가는 하나의 거대한 수레바퀴입니다.

그러나 어느 순간부터 감정보다는 '돈'이 되는지 안 되는지부터 따지는 사람이 되었습니다. 예전에는 음악을 통해 감정을 나누고 싶었지만, 지금은 돈이 되는 음악을 해야 한다는 생각에 사로잡힌 저를 보며 혼란스러울 때가 많습니다. 이 변화는 마치 랑그 속에서 벗어나 변화를 거듭하는 파롤처럼, 상황에 맞춰 다시 변형된 제 모습 같기도 합니다.

돈과 성공을 기준으로 대상을 판단하는 현실에서 감정은 점차 메마르고 있습니다. 와중에 저의 일상에서 가장 많이 등장하는 감정은 분노입니다. 이전에는 한 팀의 프로듀서였고, 벤더스도 프로듀싱 팀에 불과했습니다. 하지만 지금은 하나의 회사가 되었습니다. 프로듀싱 팀의 리더에서 프로듀싱 프로덕션의 대표가 된 지금은 마음가짐이 달라졌습니다. 잘하고 싶은 욕망이 넘쳐 흐르죠.

씁쓸하지만 성공이라는 척도에 가장 큰 조건은 돈입니다. 변명하자면, 제가 그래서 돈이 되는지 안 되는지부터 따지는 사람이 된 겁니다. 물론 좋아하는 일이 돈이 될 수 있다는 사실은 다행스럽기도 합니다. 하지만 이 과정에서 점점 변해가는 제 모습을 보며 혼란스러울 때도 많습니다.

가끔은 제가 무슨 생각을 가지고 사는지 잘 모르겠습니다. 즉흥적인 성격 탓이기도 하고, 지극히 계산적인 면모가 나올 때면 스스로도 깜짝 놀라곤 합니다. 저를 좋아해주고, 옆에 있어주는 최측근들은 저를 높게 사줍니다. "뭘 해도 될 놈이다"라고 말하곤 하죠. 그런 얘기가 고맙다가도 부담이 될 때가 있습니다. 제가 '그런 놈'인지 검열을 하게 되거든요. 그런 마음으로 저를 선택한 주변인들에게 증명해 보이고 싶은 욕심도 있습니다. 당신의 선택이 옳았다고 확신시켜주고 싶은 거죠.

제 옆의 모든 사람에게 '원피스(만화 〈원피스〉에 등장하는 전설의 보물)'를 찾을 수 있을 것 같은 사람으로 기억되고 싶습니다. 함께 가면 반드시 보물을 발견할 수 있을 것 같은 존재로 남고 싶습니다. 그러기 위해선 지금의 위치에서 더 증명해야겠죠. 저를 선택한 사람들에게, 그 선택이 틀리지 않았다는 걸요.

이번 생 목표는 살아남는 것

▶ Stay Alive
(Prod. SUGA of BTS)

정국

아주 큰 새가 바다를 시원하게 가르는 꿈을 꿨습니다. 아마 제가 그 꿈속의 새였을까요? 인생의 암흑기에선 아무리 손을 뻗고 살려달라고 외쳐도 아무도 들어주지 않는 것처럼 느껴집니다. 눈앞이 깜깜할 때는 어디선가 구원자가 나타나길 바라기도 합니다. 그럴 때일수록 누군가의 한마디로 인해 살기도 하고, 죽기도 합니다. 〈Stay Alive〉는 꼭 생사의 갈림길에서 살려달라고 울부짖는 것 같은 간절하고 애절한 노래입니다.

존재한다는 것은 단순히 생존을 넘어선 의미를 가집니다. 우리는 삶에서 수없이 맞닥뜨리는 시련과 역경 속에서 살아 있음을 느끼기보다 무너지는 감정을 더 자주 경험합니다. 끝없는 자기혐오와 의심 속에서 밤을 지새우며 사념의 틈을 헤매기도 합니다. '이건 아닌 것 같다'라는 생각이 들면서도 한편으로는 누군가의 따뜻한 말 한마디를 절실하게 바라곤 합니다.

제 안의 작은 꿈이 커지면서, 그 꿈이 어느 순간 모든 것을 집어삼키는 파도처럼 느껴졌습니다. 살아가는 동안 수없이 '이 길이 맞는 걸까?'라는 질문을 던졌습니다. 괘념 속에서 스스로를 잃어가는 것만 같았고, 이렇게 살아남는 것이 무슨 의미가 있는지 알 수 없었습니다. 하지만 지난 몇 년 동안 배운 것이 있습니다. 숨을 고르며 달리는 일은 한계를 받아들이는 연습이었고, 질문을 던지는 일은 모름을 직면하는 용기였습니다. 버티는 삶은 결국 '완벽하지 않은 나'를 끌어안는 훈련이었습니다.

그리고 질문을 반복할수록 저만의 답에 가까워졌

습니다. 그것은 바로 안주하지 않는 것이었습니다. 끝까지 마음을 다했던 기억들을 품고 여기까지 왔습니다. 그 시간들이 저를 지금의 자리로 이끌었겠죠. 이제는 온전하지 않은 제 모습을 있는 그대로 받아들이며 그 불완전함까지도 소중히 여깁니다. 쉽게 지워지지 않는 마음의 자국들이 저를 여기까지 데려왔거든요. 무언가를 꿈꾼다는 건 언제나 어딘가 조금은 비워진 채 살아가는 일입니다. 그 결핍을 더 이상 밀어내지 않고 조용히 안아주고 싶습니다. 완벽하지 않더라도 이제는 두 발을 땅에 단단히 딛고 살아가는 법을 배웠습니다.

만약 우리가 고통을 느낀다면 변화를 겪고 있다는 증거입니다. 앞으로 어떤 모습으로 변해가든 저의 변화를 사랑하려 합니다. 그리고 기왕이면 제 인생을 구하는 게 저였으면 합니다. 살아남는다면 언젠간 스스로를 구하는 날도 오겠죠.

권태

▶ We don't talk together
(Feat. 기리보이) (Prod. SUGA)

헤이즈

　　　　　　　　무언가에 권태를 느끼다는 건 아무래도 씁쓸한 일입니다. 그 대상이 어떤 것이든 말입니다. 분명 차고 넘치게 좋아하던 시절도 있었을 텐데, 시간이 뭐라고 사랑을 뚝 떼어가 버리는 걸까요. 좋아했던 것들이 낯선 존재 같아졌을 땐 허무하기도 합니다. 그렇게나 좋아했고 분명 무엇이든 해줄 수 있을 것 같았는데 신기합니다. 지금은 딱히 감흥이 없다는 게 우습기도 합니다.

　　시간과 순간이 영원히 지속될 수 없다는 사실을 받

아들이면서 어쩔 수 없이 권태가 찾아오는 건 아닐까 싶습니다. 가끔은 세상에 영원한 건 없다는 사실이 조금 허탈해집니다. 그럼에도 영원을 바라는 게 인간이라는 집단의 성정일 것이고, 저는 어느 노래 가사처럼 이 세상에 영원한 건 절대 없다고 생각합니다. 세상에 영원한 건 없습니다. 시간의 흐름에서 우리는 결국 모든 것이 변한다는 사실을 받아들여야만 합니다. 어쩌면 그 변화 속에서, 권태도 피할 수 없는 감정입니다.

그래도 한때 사랑했던 것에 대해 얘기하는 건 즐거운 일입니다. 가끔 사랑에 빠지게 했던 그 지점이 생각날 때가 있습니다. 언제 봐도 '이래서 좋아했었지' 하고 고개를 끄덕이게 되는 것들이요. 그런 순간마다 저라는 사람의 연속성을 느낍니다. 이제는 아니라고 해도, 영원하지 않아도, 의미가 없는 건 아닌가 봅니다. 마음을 다해 사랑한 것은 완전히 사라지지 않고 내 몸 일부 어딘가에 남아 있는 거죠. 사랑했던 모든 것이 지금의 나를 구성한다고 생각하면 적어도 그 시간이 아깝진 않습니다. 다시 돌아간다고 해도 좋아할 테니까요.

이렇듯 권태라는 감정이 사뭇 애매하게 느껴질 때가 있습니다. 정말 사랑하는데 다 때려치우고 싶기도 하죠. 저에겐 음악이 그렇습니다. 분명 음악을 사랑합니다. 만약 음악을 인생에서 들어내야 한다면 무엇도 그 공간을 채울 수 없을 겁니다. 권태의 이유도 가지각색입니다. 그룹 활동할 때는 하고 싶은 음악을 하지 못하는 게 힘들었고, 그만두고는 음악을 못 할 수도 있다는 생각에 두려웠습니다. 노래를 부르는 삶에서 만드는 삶으로 바뀐 지금도, 가수를 할 수만 있다면 하고 싶지만 어쩔 수 없죠. 만드는 것도 좋아해서 다행이라고 생각하는 게 속이 편합니다.

요즘은 음악을 온전히 그 자체로 즐기지 못하고 사업으로 바라보다 보니 스트레스를 더 많이 받습니다. 현실에 부딪힐 때가 왕왕 있거든요. 그럼에도 음악을 만드는 일이 제 삶의 큰 부분을 차지합니다. 권태가 잦은 편인 제가, 음악은 오래도록 좋아하는 유일한 대상입니다. 음악 그 자체를 느끼는 게 좋습니다. 이게 흔히 말하는 성취감일까요?

운동도 꾸준히 해본 적 없고, 아침 일찍 일어나겠다는 다짐도 지켜본 적 없습니다. 이렇게나 권태가 잦은 저의 삶에서 결국 변하지 않은 것은 음악입니다. 음악이 제 삶을 이끌어가고 있기에 지금도 살아가고 있습니다. 그 무엇이든 시간이 지나면 변할 수 있지만, 저만의 중심은 언제나 지켜가야 합니다. 그것이 우리를 진정으로 살아가게 하는 힘이 아닐까요?

탈피할 허물도 없이

▶ That That
(prod. & feat. SUGA of BTS)

싸이

싸이의 노래에선 항상 해방감을 느낍니다. 거창한 의미라기보다 잡념 없이 무작정 신날 수 있어서 자유롭습니다. 모든 사람이 함께 춤추고 노래 부르는 걸 보면 제가 가진 잡념, 모든 이념이 쓸데없는 걸로 느껴집니다. 그 순간 제 모든 생각이 사라지고 그저 흐르는 음악에 몸을 맡기고 싶습니다.

굳이 해방의 목적이 아니더라도 스트레스가 많이 쌓이면 풀어야 합니다. 저는 그럴 때 벤더스 멤버들을 만납니다. 언제나 저의 편이 되어주거든요. 시시콜콜

한 얘기만 해도 마음이 편해집니다. 과연 나는 어떤 존재일지 궁금합니다. 아무 말 없이 존재만으로도 든든한 사람이 되고 싶습니다. 애쓰고 노력하지 않아도 확신을 주는 사람이요.

삶이 한 치 앞도 보이지 않는 어둠처럼 느껴질 때가 있습니다. 그런 순간에도 불현듯 떠올리는 것만으로 빛과 같은 따스함을 주는 사람이 있습니다. 벤더스 멤버들이 제게 그런 존재인 것처럼, 저 역시 누군가에게 그런 존재이고 싶습니다. 무거운 감정 속에서 허우적거리는 저를 누군가 꺼내줄 때마다 그래도 그렇게 엉망진창으로 살진 않았구나, 하고 깨닫게 됩니다.

그러다 보면 문득, 너무 많은 생각들로 머리가 무거워질 때가 있습니다. 그럴 땐 차라리 머릿속의 복잡한 생각 대신 몸을 먼저 움직이는 편이 더 효과적이라는 걸 새삼스럽게 깨닫습니다. 오직 리듬에 몸을 맡기고 그루브에 따라 춤을 추는 거죠. 자유로운 그 순간에 집중하다 보면 스트레스가 풀릴 때가 많습니다. 일시적으로 해소되는 게 아니라 정말 몸이 후련해지고, 생각도 가벼워집니다. 골똘히 생각해도 풀리지 않는 문제가 있다면, 먼저 몸을 풀어보실래요?

뒤엉킨 잡념들이
　　　사라지는 시간

물음표

▶ 왜요 왜요 왜?
플레이브

〈왜요 왜요 왜?〉는 플레이브 팬들에게 많은 사랑을 받았습니다. 한 번 들으면 쉽게 잊을 수 없는 중독성 강한 이지리스닝 곡으로, 장난기 가득한 톡톡 튀는 가사가 포인트입니다. 메시지를 전달하는 곡도 좋지만, 가끔은 이렇게 가볍고 친근한 느낌을 내는 곡이 더 특별하게 다가옵니다. 생각에 골몰하다가도 쉬어가는 때도 있어야죠. 보통 이런 곡은 "작업한다!" 하고 마음먹고 만들기보다는 친구들과 장난을 치다가 "어? 이거 괜찮은데?" 하며 녹음하면서 완성될 때가 많습니다. 충동적이고 즉흥적으로요.

보통은 실제 녹음 전에 '가이드'를 먼저 녹음하는데, 아티스트가 녹음을 하기 전에 노래의 방향을 알려주는 참고용 음원입니다. 저는 이 가이드를 준비할 때 한국어도 영어도 아닌 외계어로 요청하는 편입니다. 이 노래도 플레이브 멤버들과 외계어로 가이드 작업을 했습니다. 원래는 가이드를 받고, 정상적인 가사를 멤버들이 써왔습니다. 그런데 아무리 생각해도 가이드의 느낌이 너무 좋아서('웽요 웽요 웽'에 가까운 발음이었습니다) 플레이브 멤버들과 논의해서 그 말맛을 살리기로 결정했습니다.

때로는 이렇게 즉흥적인 작업에서 나온 결과물이 오히려 사람들의 마음에 깊게 남기도 합니다. 즉흥적이고 자유로운 창작의 과정은 팬들과의 관계에서도 비슷합니다. 언제나 즉흥적으로 조건 없이 저를 사랑해주고, 그 사랑을 받는 과정에서 저도 한층 더 성장합니다.

예전에 한 팬이 이런 말을 한 적이 있습니다. 자신은 평생을 계획하고 재고 따지며 살아왔는데 제가 서 있는 무대만은 조건 없이 좋아하는 게 가능하다고요. 친구도 가족도 아닌 누군가를 조건 없이 이렇게나 사랑한다는 게 가능한가 싶습니다. 이렇게나 많은 사랑을 받기만 해도 되나 싶을 때도 있었습니다. 저는 그저 오늘도 저를 응원해준 모든 분이 계획하지 않아도 평안한 하루를 보내길 바랄 뿐입니다.

타임라인

▶ Our Season
제로베이스원

　　　　　　　　　　우리는 계절의 시퀀스에 따라 무한대로 반복되는 변화를 겪습니다. 그 속에서 어쩌면 다시 만날 수도 있겠죠. 우리는 돌아오지 못할 매초, 매분, 매 시각을 그리워합니다. 이미 떠난 형체들을 붙잡고 싶은 마음은 왜 놓을 수가 없을까요. 다시 돌아오는 계절처럼 언젠간 마주할 거란 기대를 품기 때문일지도 모릅니다. '만약'이라는 단어에 놓인 기대를 흩트릴 수 있다면 얼마나 좋을까요.

　무언가를 시작할 때면 봄과 여름 사이의 계절이 다

INTERLUDE

가오는 기분입니다. 두 손이 얼어붙을 만큼 추운 한겨울이어도 벅차오릅니다. 더불어 좋아하는 사람들과 함께하기까지 한다면 하나도 두렵지 않습니다. 따뜻한 순간만이 그려지거든요. 무엇이든 사랑할 때는 봄이 가장 좋습니다. 그러다가도 아무것도 사랑하지 않을 때는 심술이 납니다. 겨울이 지나고 봄이 왔을 때, 어쩐지 허전한 기분이 들기도 하잖아요. 괜히 사랑하는 누군가를 한 번 더 보고 싶기도 하고요. 심술과 설렘 그 어디쯤에 맞닿은 감상이겠죠.

개인적인 계절에 대한 소감으로는 춥고 더운 게 싫어 가을이 좋습니다. 코트 하나만 툭 걸치기 좋은 날씨를 선호합니다. 더불어 여름은 모기 때문에 싫고, 겨울은 건조해서 싫습니다. 특히 여름은 없어졌으면 좋겠다고 종종 생각합니다. 벌레를 너무 싫어하거든요. 인테리어를 망친다고 생각하면서도 모기장을 꼭 사용하곤 하니 까탈스럽죠.

그래도 사계절이 주는 이점은 톡톡히 느낍니다. 가끔은 한여름의 쨍한 햇빛이 그리울 때도 있습니다. 사람 마음이라는 게 진짜 얄팍하고 얄궂습니다. 언제든 자꾸 지나간 것을 되돌리고 싶어 하니까요. 하지만 계절이 변하듯 우리의 감정도 계속해서 흘러갑니다. 그래서 언젠가 다시 돌아올 계절 속에서 만약이라는 기대를 품고 살아가는지도 모릅니다.

환상은 개꿈

▶ Drama

투모로우바이투게더

　　　　　　　　　　망상妄想을 거의 하지 않습니다. 터무니없다고 생각하거나 그럴 여유가 없는 건 아니고, 비현실적인 상황을 떠올릴 망상력이 부족합니다. 주로 미래의 제 모습이나 현실에 일어날 가능성이 있는 상황을 떠올립니다. 사실 이건 계획이나 목표에 가까운 걸까요? 망상이라기엔 현실적이니 상상想像의 일종일까요?

　　망상과 상상은 한 끗 차이입니다. 때론 학창 시절 막연하게 했던 망상이 다 큰 어른이 되어 이뤄지기도 합니다. 지금 우리가 살고 있는 세상도 먼 옛날에는 죄다 허무맹랑한 얘기 같았을 겁니다. 그만큼 망상은 한계가 없다는 게 제일 큰 강점입니다.

망상하지 않아서인지 거대한 목표도 잘 세우지 않습니다. 현실성이 부족한 미래보다는 단기적으로 목표를 설정하는 편입니다. 하이브와 처음 일하게 되었을 때는 방탄소년단 곡을 쓰는 작곡가가 되어야겠다고 생각했습니다. 방탄소년단 곡을 쓰고 나선 (목표를 잃어 조금 방황하다가) 돈을 많이 버는 프로듀서가 되고 싶었습니다. 그런데 돈을 많이 벌려면 프로듀서에 그쳐서는 한계가 있더라고요. 제가 더 주체가 되고, 제가 주인공이 되는 산업에 발을 들여야 했습니다. 그래서 아티스트를 꿈꾸게 되었습니다.

지금의 목표는 1년 뒤, 디제이로 데뷔 신호탄을 올렸던 〈울트라 뮤직 페스티벌 코리아〉의 메인 디제이로 서는 것입니다. 당연히 원래는 가수로 성공하는 게 목표였습니다. 하지만 그 목표는 결국 이루지 못하고 해체를 맞이했습니다. 성공하지 않은 아이돌이라는 입장이 수동적으로 움직일 수밖에 없는 시스템이기도 하고요. 그 시스템에 적응이 됐는지, 어려서 그랬는지는 모르겠습니다.

요즘은 이것저것 나서서 하다 보니 '아이돌 활동하던 시절에 뭔가 놓친 게 아닐까?' 하는 생각이 들곤 합니다. 그래서 최근엔 조금씩 바꿔보려고 합니다. 일에 관련된 거라면 귀찮아도 나서고, 하기 싫어도 하고, 부끄러워도 이겨내려고 노력합니다. 당장 내일의 목표를 이루며 살아야 하니까요.

나의 또 다른 도전,
**　　디제이로서의 시작**

규칙은 어기라고 있는 법

▶ New Rules

투모로우바이투게더

어렸을 때부터 하지 말라고 하면 더 하고 싶어지는 기질이 있었습니다. 음악도 시작은 그랬을지도 모릅니다. 아버지가 음악을 반대하시자 방 안에 숨어 노래를 녹음하곤 했습니다. 〈위대한 탄생 2〉도 부모님과 상의 없이 몰래 지원했고요. 아버지도 당신이 미술을 업으로 삼고 싶었기에, 예술이 돈이 되지 않는다는 걸 잘 알아 부정적이었는지도 모르겠습니다. 애당초 태어날 때부터 이랬던 걸까요? 어디서 튀어나온 성질머리인지 모르겠습니다.

학창 시절에도 규칙을 지키지 않아 혼난 적이 많았습니다. 제가 다니던 사립 고등학교는 비교적 외진 곳에 있었고, 머리를 빡빡 밀어야 하는, 아직 체벌이 남아있던 학교였습니다. 사시사철 학생증을 걸고 다녀야 했는데, 그때의 저는 학교의 규칙을 납득할 수가 없었습니다. 지금 생각해 보면 질서를 위해 지켜야 할 규칙들도 있는 건데 말이죠. 그때의 저는 이렇게까지 성숙하게 생각할 수 없는 나이였고, 잔뜩 삐뚤어진 반항아였습니다.

시간이 지나면서 많은 것들이 변했습니다. 사실 아버지뿐만 아니라 음악을 시작할 때 주변인 모두가 반대했던 기억이 납니다. 그럴수록 더 악착같이 버텼고, 그 사람들은 지금은 모두 "너 성공할 줄 알았어"라고 말하곤 합니다. 그럴 때마다 쓴웃음을 짓습니다.

하지만 그런 덕분에 지금의 제가 있습니다. 무수한 반대와 허무를 겪으며 더 단단해졌고, 성공해야 한다는 악바리 근성이 생겼죠. 부모님이 반대하던 길을 가고 있으니 끝까지 버텨서 증명해야 한다는 생각도 있었습니다. 물론 나이가 들었으니 적당히 반성도 하며 살고 있습니다. 이제는 하지 말라는 이야기를 들으면 하지 않을 때도 많아졌습니다. 말리는 이유를 알 것 같기도 해서요. 하지만 여전히 규칙을 정해놓고 살진 않습니다. 규칙은 때때로 어기면서 배워가는 법이니까요.

완벽의 가장자리

▶ 화 좀 풀어봐

폴킴

　　　　　　　　　　　아름다움만으로 가득한 사랑은 없습니다. 사랑은 언제나, 그리고 누구에게나 현실과 이상을 왔다 갔다 하는 형체입니다. 아무리 완벽한 사랑도 가까이 들여다보면 지키고자 하는 노력과 이해가 있습니다. 완벽한 사랑이라는 게 있을까요? 고상하게 아가페적이거나 플라토닉해야 할까요? 아니면 '을의 연애'를 자처해야 상대를 완벽하게 사랑하는 걸까요? 화해의 메시지를 먼저 건네는 사람이 더 사랑하는 걸까요?

INTERLUDE

만약 그런 거라면 저는 가족, 연인, 친구, 어느 관계에서도 상대를 더 사랑한 적이 없는 셈입니다. 속이 좁은 건지, 성격이 글러 먹은 건지 모르겠습니다. 와중에 뭐든 예쁜 게 좋아서, 이왕이면 제가 하는 사랑도 예쁘길 바랐습니다. 지키고자 하는 노력과 이해는 무시한 채 여기저기 사랑을 쏟고 다니기만 했습니다. 지금 생각하니 제법 이기적입니다.

운이 좋으면 완벽을 쟁취할 수 있을까요? 완벽만 쫓다 보면 허상만 찾아 헤매는 사람이 될 겁니다. 이 사람도 싫고 저 사람도 싫다고 불평불만만 많은 저 또한 누군가에게는 그 싫은 대상일 겁니다. 하지만 적어도 자신이 싫어하는 부류와 똑같은 사람은 되지 말아야죠. 저는 자신의 일을 책임지지 못하는 사람이 싫습니다. 그래서 저도 책임지지 않는 사람이 되지 않기 위해 노력합니다. 또 무조건 화만 내는 사람도 힘듭니다. 기억도 안 나는 아주 예전부터 스스로 대립하고 싶어 하지 않는 타입이라고 생각했습니다. 그래서 저도 화를 내고 싶지 않은데, 일을 하다 보면 그게 잘 안 됩니다.

제가 그나마 완벽한 사랑을 쏟으려고 노력하는 대상을 생각해 보면 음악, 그리고 음악을 함께하는 동생들 정도겠습니다. 저는 원래 이만큼 주면 이만큼 받아야 하는 성격입니다. 같은 걸이 아니더라도 꼭 기브 앤 테이크를 해내야 하는, 귀찮고 성가신 성격입니다. 하지만 동생들이 제 옆에 있어주는 것만으로도 받을 만큼 받는다고 생각하기에, 더 바라지 않습니다.

음악도 마찬가지입니다. 제가 살아갈 수 있는 이유가 되어줍니다. 그래서 저는 음악과 동생들이 제 옆에 있을 이유를 만들어줘야 한다고 생각합니다. 그렇다면 이건 완벽한 사랑일까요? 아니요, 완벽한 사랑은 없습니다. 완벽한 사람도 없고요. 그 자체를 인정하고 완벽의 가장자리에나마 가닿는 것이 지금 제가 가진 얇은 목표이자 사람입니다.

우리는 언제나 사랑에 대해 말하고 싶어 합니다. 사람의 감정은 유한합니다. 하지만 또 사랑이라는 이름으로 무한해지죠. 어떤 사랑을 하는지에 따라 색깔도 달라지는 거 아세요? 같은 사랑이라도 제각각 너무나 다른 개성의 사랑을 하고 있어서 신기합니다. 어떤 사랑을 하고 있나요? 또 어떤 마지막 인사로 이별을 마주하고 있나요?

이 노래의 화자는 다른 사람이 생긴 연인을 마주했습니다. 진심으로 사랑했기 때문에 다른 사람이 생긴 걸 알아도 생각나고 미련이 남는 거겠죠. 진심이었다면 충분히 아파하고 그리워하다 보면 언젠가 온전하게 홀로 설 수 있습니다. 그리고 또 다른 누군가를 만나고 사랑할 겁니다. 이번엔 또 다른 색으로요.

지구는 거짓말투성이

▶ 솔직히

에릭남

　　　　　　　　　솔직함은 사랑의 진심입니다. 그러니 솔직함의 기반은 애정 아닐까요? 밑바닥까지 보여줘도 변하지 않을 사람이라는 확신이 들 때에야 비로소 솔직해질 수 있습니다. 임기응변과 적당한 거짓말로 점철된 지구에서, 자신에게도 거짓말을 뱉을 때가 있으니까요. 거짓말투성이 지구에서 솔직함을 전하는 것만큼 애정을 제대로 표현하는 행위가 있을까요? 저는 자신의 모든 발걸음에 솔직할 수 있는 사람이 제일 부럽습니다.

사람은 하루에 평균적으로 열 번 이상의 거짓말을 한다고 합니다. 믿기지 않아 세어보니 열 번은 껌 씹기보다 쉽더라고요. 일할 때 자주 하는 선의의 거짓말 탓입니다. 일하면서 선의의 거짓말은 불가피합니다. 외부 작곡가들과 협업할 때 그 지점을 제일 많이 체감합니다. 멜로디를 의뢰해서 받아놓고 마음에 안 들어서 쓰지 않을 때도 있으니까요. 별로라서라기보다는 그 멜로디에 딱 맞는 트랙이 따로 있기 때문입니다.

어느 관계에서든 솔직하기 힘든 세상입니다. 살다 보니 는 거라곤 적당한 거짓말밖에 없는 기분입니다. 제가 조금 고생하더라도 관계 유지가 먼저라고 생각하는 사람이 되었습니다. 어쩔 수 없이 선의의 거짓말을 할 때도 있지만, 그런 상황에서도 진심을 잃지 않으려 합니다. 그걸 임기응변이나 사회생활로 치부하는 게 가끔은 버겁습니다. 그러니 이런 세상에서 솔직하다는 건 용기 있는 행동입니다. 가끔은 가장 진부하고 평범한 단어에서 힘을 느끼기도 합니다. 용기 말고 더 그럴듯한 표현이 있을까요?

수동적인 태도로 살긴 했지만, 남들보다 빨리 시작한 사회생활을 후회하지는 않습니다. 지금 이 사람 저 사람 만나며 적당히 잘 처신하는 것도 눈치로 배워둔 처세술이 있기 때문일 겁니다. 확실히 어릴 때부터 몸에 밴 습관들이 있습니다. 도움이 된다고 생각하면서도 단점은 분명 존재합니다. 가끔은 강박대로 움직이고 있는 건 아닐까 걱정될 때가 있습니다. 저의 행동에 스스로 자꾸만 제약을 걸게 됩니다. 많이 버리려고 노력하지만 몸에 밴 습관들은 떠날 생각이 없어 보입니다. 예전엔 강박대로 사는 게 편하다고 생각했습니다. 하지만 시간이 지나고 나이를 먹으니 강박 없이 사는 게 솔직하고 편해 보입니다. 솔직한 게 멋있다고 생각하는 편이라서요.

　　물론 가끔 솔직함을 털어놓고 나면 내뱉은 순간 후회로 점철될 때도 있습니다. 제가 조금만 더 '척'을 했더라면, 저도 모르게 씌워진 환상을 유지한 채 살아갈 수도 있으니까요. 제가 솔직하게 굴지 않아도 타인에게 득도 실도 되지 않는데 굳이 환상에서 벗어날 때, 가끔은 그 순간을 되돌리고 싶기도 합니다. 하지만 저는 '가 닿을 수 있는 사람'이 되고 싶습니다. 거리를 둬야 하는지, 환상을 지켜줘야 하는지, 어떤 게 맞는지 모르겠지만 지금 제가 행복하다면 괜찮은 거 아닐까요?

수줍음의 템포

▶ No shame
에릭남

작곡을 시작한 초기에는 부끄러움도 몰랐습니다. 타인의 시선을 신경 쓰고 체면을 차리는 편이었는데, 그때는 그런 건 하나도 중요하지 않았습니다. 저의 곡을 한 명이라도 더 들어줬으면 하는 바람뿐이었습니다.

아직 작곡가로 직업을 전향한 지 얼마 되지 않았을 때, 삼성동에 살던 시절이었습니다. 지금보다 몇십 배는 더 간절했습니다. 그때의 저는 해체한 아이돌 멤버였을 뿐, 작곡가로서는 다져놓은 기반이 아무것도 없었으니 '뭐'라도 해야 했습니다. 부끄러움이라는 감정을 앞세울 때가 아니었습니다. 믿는 신도 없고 종교도 없으면서 여기저기 기웃거리며 기도 효과가 좋은 신을 찾기도 했으니까요.

당시엔 집 앞의 편의점 골목길에 있는 어린이집 어귀에서 항상 기도를 했습니다. 처음부터 거기서 하려고 했던 건 아니고 반은 장난이었습니다. 나름 저만의 기도 성지를 찾은 거죠. 그곳에서 처음 기도를 했는데 바라던 일이 말도 안 되게 이루어졌습니다. 유명 작곡가에게 제 음악을 한 번만 들어달라고 대뜸 인스타그램 디엠을 보냈었죠. 반신반의하는 마음이었는데, 거짓말처럼 바로 다음 날에 답장이 왔습니다. 그다음부터 그 어린이집 앞이 저의 성지가 되었습니다. 신을 반만 믿어서 죄송하다고 부끄러움을 고백하기도 했죠.

이번 작업실의 성지는 작업실 앞 주차장입니다. 성지를 정하는 법은 느낌입니다. 그래도 제가 운이 꽤 좋은 편입니다. 예전에는 타인을 부러워한 적이 많았습니다. '나는 왜 저렇게 되지 못할까.' 스스로 탓했던 적도 많습니다. 그런 제가 이제는 스스로 '운이 좋은 사람'이라고 말합니다. 남을 부러워할 수는 있지만, 결국 우리가 되고 싶은 건 '더 나은 나'입니다. 누군가가 되고 싶었던 게 아니라, 스스로를 다듬어 더 나은 사람에 가까워지고 싶었습니다.

한때는 저도 실패했다고 생각했습니다. 꿈꿨던 무대에서 내려와야 했을 때, 모든 것이 끝난 것만 같았으니까요. 스물하나에 아이돌로 데뷔했고, 스물다섯에 팀이 해체했습니다. 오랜 시간 달려온 길이 한순간에 사라졌고, 마치 제가 세운 모든 노력들이 무너져 내리는 기분이었습니다. 다른 누군가는 계속 무대 위에서 반짝이는데 저는 무대 아래에서 방향을 잃은 채 헤매고 있었습니다. 그때의 저는 남들을 부러워하며 스스로를 초라하게 여겼습니다. '저 사람처럼 계속 무대에 설 수 있었다면 어땠을까?'라는 생각에 사로잡혔죠.

하지만 시간이 지나고 나서야 깨달았습니다. 저는 무대를 떠났을지언정 음악을 떠난 건 아니었습니다. 제가 가장 잘하는 것도, 가장 사랑하는 것도 여전히 음악이니까요. 형태가 달라졌을 뿐, 저는 음악과 함께하고 있습니다. 아이돌이 아닌 프로듀서로, 무대의 중심이 아니라 뒤에서 음악을 만들어내는 사람으로 존재합니다. 그리고 결국 그 자리에서 저만의 방식으로 새로운 길을 만들어냈습니다.

누군가는 제 길을 잘한 선택이라고 부를지도 모릅니다. 하지만 여러 가능성 중에 이 길을 택한 게 아닙니다. 다른 길이 보이지 않았을 때, 제가 할 수 있는 일인 음악을 끝까지 붙잡고 버틴 결과입니다. 남들을 부러워하며 멈춰 있었다면, 저는 여전히 제자리에서 과거만 곱씹고 있었을지도 모릅니다.

부러움이 밀려올 때마다 생각합니다. 결국 우리는 남이 될 수 없고, 될 필요도 없다고요. 제게 아이돌로 성공하는 게 전부가 아니었듯이, 삶에는 무수히 많은 길이 존재합니다. 실패가 끝이 아니라는 걸 받아들이기까지 오랜 시간이 걸렸지만, 지금은 실패한 길의 끝에서 다른 길이 시작될 수도 있다는 것을 알고 있습니다.

그러니 타인을 부러워하는 데 시간을 쏟지 않길 바

랍니다. 우리는 그 시간을 자신을 더 나아가게 만드는 데 써야 합니다. 비교 속에서 길을 잃기보다, 스스로 원하는 방향으로 한 걸음 더 나아가는 게 중요하니까요. 타인의 삶은 아무리 닮고 싶어도 결국 완벽하게 닮을 수 없지만, 더 나은 내가 되는 건 온전히 자신의 손에 달린 일입니다. 저는 남과 비교하며 초조해하는 대신, 제가 나아갈 길을 고민하는 데 시간을 쓰기로 다짐했습니다. 원하던 길이 막혔더라도 완전히 끝난 건 아니더라고요. 돌고 돌아도 결국 나아갈 길은 있습니다.

원한다면 맨땅에 헤딩

▶ Do What You Do

백현, UMI, EL CAPITXN

⟨Do What You Do⟩는 '엘 캐피탄'이라는 활동명으로 처음 나온 노래입니다. 이번 프로젝트 콘셉트는 팝 가수와 케이팝 가수의 콜라보라는 그동안 볼 수 없었던 조합에 의의가 있습니다. 어느 누가 모든 곡을 팝과 케이팝의 협업 형식으로 진행하겠어요.

이 프로젝트를 기획하게 된 계기가 뚜렷하게 떠오릅니다. 잘 알고 지내는 아이돌 후배를 만났는데 자신도 음악 활동을 하고 싶지만 다양한 시도를 할 기회가 없다며 고민을 털어놓았습니다. 그 고민을 듣고 이 프로젝트를 기획해야겠다고 결심했습니다. 음악적인 해소가 필요한 후배들에게 도움이 되고 싶었습니다. 저도 아이돌이라는 직업을 겪었던 입장에서, 어떤 기분인지 완전히는 아니지만 조금은 짐작할 수 있어서요. 그 고민을 듣다 보니 조금이나마 도와주고 싶고, 같이 멋진 음악을 해보고 싶은 욕심이 생겼습니다.

엔터테인먼트 업계에선 저의 프로젝트에 관심이 많습니다. 어떻게 그 많은 팝 가수를 데려왔냐는 거죠. 대단한 비법이 있는 건 아닙니다. '맨땅에 헤딩'입니다. 그때는 정신이 없어서 힘든 줄도 몰랐습니다. 열몇 시간의 하늘 가르기를 해야 도착하는 미국은 말도 통하지 않는 외딴곳입니다. 제가 간다고 이루어질 거라는 확신도 없었죠. 그때 저에게 미국은 그저 미지의 땅이었습니다. 오늘 하기로 한 미팅을 30분 전에 취소당할 수도, 약속 장소까지 가서 퇴짜를 맞을 수도 있습니다. 그런 미지의 미지들을 붙잡아 기회를 만든 거죠.

이제 저에게 미국은 기회의 땅이 되었습니다. 올림

픽 종목으로 '집 밖에 나가지 않기' 같은 게 지정되면 금메달 감이고, 영어가 유창하지도 않은 제가 어쩌다 그런 선택을 밟았을까요. 미국에서 얻은 것의 비결은 이룰 때까지 수많은 도전을 하는 겁니다. 저는 하고 싶은 게 생기면 '해야겠다'가 아니라 어느 순간 행동하고 있는 제 모습을 발견합니다. 처음 음악을 시작했을 때도 아무도 제 곡을 사주지 않는데 노래를 만들고 있었습니다. 그 끈기를 통해 얻은 건 곧바로 일어날 수 있는 용기입니다. 언제든 준비되어 있으니, 기회가 주어질 때 자리를 박차고 일어날 수 있는 자신감 말입니다.

이번 프로젝트의 가장 큰 목표는 누가 들어도 좋은 곡을 만드는 작업이었습니다. 누가 들어도 좋은 곡의 기준을 찾아가는 과정이 어렵지만요. 끈기로 버티고 엉덩이가 납작해지며 찾은 기준은 귀로 들어서 심장까지 뛰게 만드는 곡입니다. 사실 그냥 '감'이죠. 요즘은 그 감이 빗나가는 일이 적지만, 3년 전까지만 해도 무수히 많은 빗나감을 겪었습니다. 앉아서 온종일 작업에만 매달리다 보니 시나브로 얻은 자산입니다. 매일 정권 지르기를 하는 격투가처럼 뭐든 꾸준히 하는 사람에게는 보상이 내려오기 마련입니다.

주변인들은 쉽고 편하게 살라고도 얘기합니다. 디제이로, 아티스트로, 제작자로 데뷔해도 성공한다는 보장이 없으니까요. 아이돌 활동을 하던 시절과는 다르게, 이제는 그런 선택을 할 수 있는 여유가 생겼습니다. 하지만 기대는 공짠데 좀 하면 어떤가요? 우리는 인생을 모두 '언럭키'라고 생각합니다. 수많은 언럭키와 럭키가 반복되는 게 인생이지만, 모든 인류는 불행했던 것을 더 많이, 자주 기억하고 살아갑니다. 불안감을 안고 살아가지 않는 사람은 없으니까요.

한 해가 시작될 때 혹은 한 달이 시작될 때, 사람들은 무엇인가를 다짐합니다. 그 다짐이 마치 타이머를 누르는 듯한 기분이 들 때가 있습니다. '네가 선택한 거잖아'라고 행한 자를 탓하는 사회라지만, 세상에 본인이 한 모든 선택에 대해 하나도 후회하지 않는 이가 어디 있을까요? 결국 우리는 끊임없이 선택을 반복하고 그 선택에 대한 후회와 성찰을 함께 품고 살아가는 존재일 수밖에 없는 것이겠죠. 언럭키 속의 럭키를 잊지 않고, 이번 기회는 해낼 수도 있다고 여기며 도전하길 바랍니다.

무슨 일이 생길지도
모르면서
'맨땅에 헤딩' 하러
미국으로

데뷔

▶ Dreamer
(Narr. 아이유)

히스토리

                              첫사랑이나 첫 만남처럼 '첫' 자가 붙으면 어떤 단어든 신선하듯이 저의 데뷔곡도 신선했습니다. 대중들에게 "우리 알지 않아요?"라고 말을 걸며 처음 만났죠. 지금도 나른한 봄날처럼 기대에 부풀던 벅찬 마음들을 잊을 수 없습니다.

    아이돌을 하던 시절, 그룹 활동이 어땠냐고 물어보면 솔직하게 대답하기가 힘듭니다. 굳이 돌이켜 조금이라도 남은 미화된 추억을 해치고 싶지 않습니다. 사실 그렇게 성공하지는 못했습니다. 애매한 콘셉트와 애매한 위치에서 스스로도 헷갈렸습니다. 게임처럼 깨야 할 퀘스트가 정해져 있었으면 좋겠다고 생각하기도, 머릿속에 상태 창이라도 띄워주길 바라기도 했습니다. 하고 싶었던 가수로 데뷔하니 처음엔 설레기도 했습니다. 하지만 활동하는 내내 그룹의 정체성을 찾지 못하고 끝이 났습니다. 아이돌이라는 게 저의 의지만으로 굴러갈 수 있는 건 아니더라고요.

〈위대한 탄생 2〉에서 떨어지고 방송 작가님을 통해 로엔 엔터테인먼트에서 연락이 왔을 때, "아이유가 있는 회사라고?"라는 말을 육성으로 뱉으며 오디션을 보러 갔습니다. 그땐 노래와 춤이 좋은 마음에 무대에 서서 저만의 퍼포먼스를 보이고 싶었으니 아이돌도 좋았습니다. 제가 입사했을 때 남자 연습생은 저를 포함해서 8~9명이었고, 멤버들의 첫인상은 예상 외로 무서웠습니다. 사실 멤버들도 제가 마냥 반갑진 않았을 겁니다. 아직 데뷔 전이라 경쟁 상대가 한 명 더 생긴 거니까요.

그래도 다들 착해서인지 대놓고 적대시하는 사람

은 없었습니다. 월말 평가에서 4~5명 정도가 탈락하고 지금의 멤버가 추려졌습니다. 어린 시절의 자신감인지 떨어질 거란 불안감은 없었지만, 약간 사기 당한 기분은 있었습니다. 사장님이 분명 "우린 god 같은 그룹을 만들 거니 너는 노래만 하면 돼"라고 말했던 기억이 나는데 출근하자마자 안무 연습실에 불려갔습니다. 처음 보는 공간과 처음 보는 사람들 앞에 서니 겁나더라고요. 이미 데뷔조가 어느 정도 꾸려지고 입사한 터라 형들은 전부 익숙해 보였고, 몸뚱이를 가누지 못하고 삐걱거리는 건 저뿐이었습니다. 그래도 그땐 데뷔만 하면 어려운 일은 없을 줄 알았습니다.

2017년에 해체 기사가 났지만 사실상 2016년부터 해체 상태였습니다. 회사의 일방적인 통보는 아니었고, 멤버들과 충분히 논의한 결과였습니다. 그렇게 아이돌 활동은 끝났지만, 음악을 무수히 접했던 그 시절의 모든 순간이 저를 지금 이곳으로 이끌었습니다. 우리는 모두 끝에서 멈추는 게 아닌, 끝을 지나 더 나아가야 하는 존재입니다. 이제 저는 그 끝을 지나 더 넓은 세상으로 나아가고 있습니다. 아이돌 시절이 없었다면 지금의 저도 없었겠죠. 그 시절을 후회와 아쉬움보다는 감사함으로 간직하려 합니다. 앞으로 어떤 어려움을 마주하더라도 이런 마음가짐으로 잘 헤쳐나가려 합니다.

지나간 순간의 나에게

▶ From
플레이브

인생이란 후회해봐야 소용없는 것을 후회하며 사는 것입니다. 후회하는 게 부질없다는 걸 알고 있습니다. 애당초 부질없다는 생각 자체가 부질없을지도 모릅니다. '부질없다'의 부질도 부질없는 단어니까요. 그래서 가능한 한 지나간 일에 미련 없이 살려고 합니다. 몇 가지 놓지 못하는 것만 빼면요. 후회라는 돌을 퐁당퐁당 던지면 아무 잘못 없는 어느 시간선의 제가 맞을 걸 아는 데도요.

미련이나 후회 같은 건 결국 '지나간 일'의 동의어

일 뿐입니다. 더 이상 노래를 하지 않느냐는 질문을 여러 번 들었습니다. 애매하게나마 이름을 알린 무명 아이돌이라 그런지, 감사하게도 서바이벌 프로그램에서 제의를 여러 번 받기도 했습니다. 할 수만 있다면 하고 싶었습니다. 남들의 눈엔 딱히 그렇게 보이지 않나 봅니다. 솔직하게 말하면 하기 싫은 게 아니라 할 수 없는 것에 가깝습니다. 지금의 목 상태로는 도저히 노래할 수 없습니다. 미리 말하지 못해 미안하지만 그땐 제 안위가 먼저였습니다. 사람은 가장 볼품없을 때 가장 이기적이더라고요.

목이 망가지기 시작한 건 생각보다 일렀습니다. 〈위대한 탄생 2〉 출연 이후쯤이었나, 데뷔하기도 전이었습니다. 탓할 곳이 없어 프로그램에 지원한 걸 후회하기도 했습니다. 그때부터 안 아픈 척, 괜찮은 척, 아등바등 13년을 지냈습니다. 목소리가 예전처럼 나오지 않는 이유도 제대로 알지 못한 채 가수를 포기했습니다. 그 13년 중 절반은 가수, 절반은 프로듀서로 살았습니다. 어쨌든 음악이란 매개체와 인생의 절반 남짓을 함께한 셈입니다. 그동안 불특정 다수에게 13번의 새해 인사를 전했겠죠. 복 많이 받으라는 인사가 새해 전용인 게 가끔은 아쉽습니다. 사랑하는 다수의 이들이 사는 내내 많은 복을 받길 바라니까요. 누군가의 안녕을 바라다 보면 저도 함께 안녕을 누릴 수 있을까 막연히 욕심을 부리게 됩니다.

과거의 저에게 무슨 말이든 전할 수 있다면 어떤 게 좋을까요. '힘들지?', '영악하게 굴어', '죽은 듯이 살아' 정도가 맞으려나요. 버텼으면 잘됐을까 생각한 적도 잠깐 있습니다. 여전히 노래하는 저를 그리워하는 이들이 있다는 것도 압니다. 물론 아무 의미 없는 가정에 불과하지만요. 이젠 정말 노래할 수 없고, 누군가의 입맛대로 굴고 싶지도 않습니다. 아픈 목을 쥐어짜며 무리하고 싶지 않습니다. 라이브 때마다 걱정하며 덜덜 떨고 싶지도 않습니다. 아직도 그때 영상은 볼 엄두조차 나지 않으니까요.

저는 아이돌로서 활동할 때 스스로가 한심하다고 생각했습니다. 하나부터 열까지 들어맞는 게 없었으니까요. 그렇게 한 번(사실 여러 번) 밑바닥으로 고꾸라져 보니 찾은 해답도 있습니다. 예전에는 절제력이 없어 저의 감정을 너무 과장해서 표현한 적이 잦았습니다. 아무것도 모르고 까부는 느낌이라고 표현하면 와닿을까요? 가진 것도, 할 줄 아는 것도 없으면서 의욕만 넘쳤습니다. 그러다 보면 당연히 고꾸라지기 마련입니다. 그 시간에 헛짓하지 않았으면 더 나은 제가 되었을까요?

팀이 해체하고 나서 제2의 인생을 살 때는 아무런 대책도 없으면서 무작정 작곡을 시작해야겠다고 생각했습니다. 그때의 '헛짓'이 사실 저에게 도움이 된 것입니다. 지금 생각하면 그때의 제가 너무 기특합니다. 이것도 물론 제가 어느 정도 프로듀서로 자리를 잡았으니 할 수 있는 말이긴 하지만, 그때의 결단이 없었으면 지금의 엘 캐피탄은 없었겠다는 생각이 듭니다. 일종의 나비효과일까요?

그때의 작은 결단이 지금의 저를 만들었고, 예상치 못한 길로 저를 이끌었습니다. 비록 그 변화가 예측할 수 없었던 길이라고 해도 마찬가지입니다. 그러니 이 문장들은 결국 제 욕심일 겁니다. 스스로 하고 싶었던 말들인 셈이라, 그러면서 동시에 누군가에게 날리는 'From. 장이정'이기도 합니다. 모두가 용기를 잃지 않길 바라는 마음이겠죠.

오랜 친구

▶ 어땠을까
(feat. 김종완 of NELL)

Agust D

〈어땠을까〉는 들으면 가슴 한 구석이 뭉클해지는 아련함이 있습니다. 학창 시절 친구는 전부니까요. 하지만 평생 함께할 것 같았던 친구도 어른이 되면서 가는 길이 달라지고, 바빠지면 점점 멀어지기도 합니다. 인연이라면 언젠가 또 연락이 닿아 만날 수 있겠지만 가끔은 흐르는 시간이 밉습니다. 고작 변명거리로 인연을 들먹이는 게 웃기긴 하지만요.

저는 대체로 '내가 변한 것'이라 생각합니다. 가끔 제가 말한 인연이라는 게 맞닿아 오랜만에 친구를 만날 때가 있습니다. 그런 만남에서 상대방은 예전과 그대로일 때, 약간의 불편을 느끼곤 합니다. '그대로'가 지금의 저와 어긋나는 부분이 많으니 이젠 예전처럼 지내지 못하는 거겠죠. 그럴 땐 세월이 좀 원망스럽습니다. 서로 과거 회상만 하게 되는 관계가 건강하다고 생각하진 않아서요. 추억만 뜯어먹고 살다 보면 필연적으로 공허해질 테니까요. 시절이 영원할 수 없는 이유는 무엇일까요? 시간이라는 존재는 무슨 수를 써도 멈출 수가 없습니다. 멈춰도 혼자 멈추면 의미가 없는 거고요.

이 노래는 2016년에서 2017년, 제가 암흑기일 때 윤기와 만들어뒀습니다. 가수로서 실패하고, 목소리도 나오지 않고, 팀은 해체했고, 작곡가에 도전하기 위해 아무런 기틀도 없이 계속 작곡만 할 때였습니다. 지금이랑은 달리 암울하고 정신 건강도 제대로 박혀 있지 않던 시절입니다. 그때 쓴 곡 중에 제일 아끼는 곡이 〈어땠을까〉입니다. 그때도, 지금도 많은 생각이 들게 하는 노래입니다. 정확한 감정을 함께 공유하긴 어렵지만, 예전의 인연들이 생각나 울적하고 마음이 아픈 노래입니다. 오히려 그래서 더 좋기도 합니다.

그런 축축한 감정 때문인지 일부러 찾아 듣는 노래는 아닙니다. 이 노래가 저에게 좋은 느낌으로 다가온다는 사실도 반은 타의로 깨우쳤습니다. 윤기의 단독 콘서트 〈Agust D TOUR 'D-DAY' THE FINAL〉에서 윤기가 이 노래를 부르면서 울었을 때, 그걸 보는 제 모습에서 수만 가지의 감정을 깨달았습니다.

처음에는 별생각 없었습니다. 저에게 스태프로서 콘서트는 일이고, 이 노래도 무사히 지나가야 하는 세트리스트 중 하나입니다. 그런데 윤기의 목소리가 떨리는 게 느껴졌습니다. 윤기가 울어서 저도 울고, 온 스태프들이 다 감정에 동화되어 눈물을 흘렸습니다. 〈슈취타〉에서 말했듯이 옛날 생각이 나서요. 그때 서러웠고, 하지만 열심히 살았고, 이런 못난 감정들이 물밀듯이 밀려와 엉엉 울고 말았습니다. 제가 생각보다 눈물이 많다는 걸 깨달았죠.

저는 동료애에 굉장히 약한 사람입니다. 만화 〈원피스〉를 볼 때도 다들 꼽는 명장면보다는 다른 장면에

주목했습니다. 저는 우솝이 납치된 상황에서 루피가 구하러 올 때 가장 눈물이 났습니다. 실제로도 사람이 변하는 게 자연스러운 일이라고 생각하면서도, 부정적인 쪽으로 과하게 변한 상대를 볼 때 착잡한 심정이 들기도 합니다. 그렇지만 그 감정에 연연하고 매몰되기보다는 챙겨야 할 다른 동료들을 생각하며 정신을 차립니다.

가끔은 제가 속한 벤더스 멤버들을 바라보며 일 때문에 만나지 않았어도 지금 같은 사이가 유지되었을까 괜한 걱정이 들 때가 있었습니다. 제가 벤더스의 대표로 있으니 제 지시에 따라야 하고, 저를 계속 봐야 하니 어쩔 수 없는 상황도 있겠죠. 이게 어떠한 압력에 의해 이루어진 건 아닐까 지레짐작으로 고민을 하곤 했습니다. 벤더스를 차리기 전까지만 해도 인간관계가 엄청 좁았어서 그런 걸 수도 있습니다.

그래서 점점 더 구성원들 하나하나와의 관계를 소중히 여기게 되었습니다. 벤더스라는 팀은 단순히 일 때문에 모인 집합체가 아니라, 서로를 존중하고 이해하며 함께 나아가는 사람들입니다. 그런 점에서 우리가 맺은 인연은 결코 얕은 것이 아니라고 느낍니다. 우리가 함께했던 시간과 경험들이 결국은 그 무엇보다 큰 가치를 지니는 것임을 시간이 지나고 나서야 비로소 깨달았습니다. 그래서 더 이상 걱정하지 않습니다. 벤더스가 함께하는 이 여정은, 일이 끝난 후에도 이어질 소중한 인연일 테니까요.

함께 꿈을 꾸는
우리의 벤더스

*We're still
in our interlude*

Track 2.

**마지막 트랙이
아닐지도 몰라**

공포

▶ AMYGDALA

Agust D

공포 영화를 돈 주고서 보는 게 저는 제일 아깝습니다. 일주일 내내 자기 전에 괴롭더라고요. 그래도 얻는 게 전혀 없는 건 아닙니다. 공포 영화의 법칙이라고 하죠? 앞서는 사람이 제일 먼저 죽는다든가 하는 법칙 말입니다. 생각해 보면 현실에 적용해도 통합니다. 적당히 뒷걸음질하며 어제도, 그제도, 1년 전에 건넌 징검다리도 두드려봐야죠.

이전에는 타인과 다른 저의 모습을 발견할 때면 두렵고 숨고 싶기만 했습니다. 하지만 어느새 그 모습이

제 강점이자 특별함이 되었습니다. 다름이 진정한 '나'를 만들기도 합니다. 굳이 세상에 자신을 맞추려 하지 마세요. 세상이 언제나 옳은 건 아닙니다.

저는 주변에서 피곤해할 정도로 의심이 많은 편이고, 현실주의자입니다. 하지만 저는 그런 제 성격이 좋습니다. 100번 건넌 돌다리도 다시 두드려보는 제 성정이요. 의심이 많은 편이란 말은 신중하다는 뜻이 아닐까요? 그래서 아마 저에겐 공포 영화 주인공 같은 일은 평생 일어나지 않을 것 같습니다. 남들이 하지 말라고 하기 전에 위험할 거 같으면 제일 먼저 등을 돌리고 떠날 거거든요.

한국인은 '그래도 해야지'의 민족입니다. 가끔은 남의 인생에 오지랖을 부리기도 합니다. 그래서 공포 영화의 법칙 같은 게 생긴 거겠죠. 사람마다 공포를 느끼는 지점이 모두 다를 텐데도 이해하지 않으려 합니다. 그런데 아주 어린 아이에게 엄청나게 큰 바퀴벌레를 보여주거나 손가락이 잘린 단면을 보여줘도 무서워하지 않습니다. 자라면서 주변에서 '그런 건 무서운 거다', '징그럽다'라는 말에 학습된다고 합니다. 그 감정이 학습돼서 무서워하게 됩니다. 모든 감정이 그렇겠지만, 이렇듯 우리는 '공포' 앞에서도 서로 겪어온 환경에 따라 다를 수밖에 없습니다.

    반대로 공포를 극복하는 방법도 신기합니다. 무서워하던 것을 더는 무섭지 않다고 느끼려면 공포를 느끼게 된 기억보다 더 큰 충격이 필요하다고 합니다. 연습해서 무뎌지게 만들면 된다니. 가끔은 이런 강인함이 대단하기도 합니다. 그러면서도 절망을 먼저 경험한 이가 만든 세상 속에 해답이 있길 바랍니다. 무엇이든 잃기 전엔 와닿지 않기도 하고요. 후회하지 않도록 아껴둬야 하는데 아직은 번번이 익숙함에 속습니다. 결국 우리는 모든 걸 직접 경험하며 나아 가야겠죠.

미지근한 시간

▶ Hitori no Yoru
투모로우바이투게더

저녁은 제법 미지근한 시간입니다. 누군가는 타인을 그리워하는 시간일 테고, 누군가에겐 괴로운 시간일 테고, 또 누군가에게는 가장 기다려온 시간일 겁니다. 확실하게 차갑지도 확실하게 뜨겁지도 않은, 미지근한 정수의 시간입니다.

저는 보통 저녁 시간엔 작업실에 있는 편이라 해가 저무는지 뜨는지도 모를 때가 많습니다. 그렇게 밤낮없이 일하다 보니 불면증이 찾아왔습니다. 불면증을 타파하고자 운동을 시작했는데, 잠들지 못한 날들이 무색할 정도로 편안하게 자게 되었습니다. 결국 저는 불면증이 아니라 운동 부족이었던 것입니다.

그래도 잠들지 못하던 날들을 손에 꼽아보면 아득하고 막막합니다. 그 시간 속에서 얼마나 많은 사념에 사로잡혔는지 이루 셀 수도 없습니다. 뜬눈으로 새벽에 다다르면 생각이 다른 생각으로 이어지고, 또 굳이 과거까지 거슬러 쓸데없는 사념만 깊어집니다. 미친 것처럼 흔들리기도, 미친 짓을 결심하기도, 미친 소리를 깨달음이랍시고 얻기도 합니다.

그렇게 밤마다 떠나지 않는 생각들의 물결 속에서 저는 하나의 결론에 다다랐습니다. 그 어떤 사념들도 결국 지나가는 법이라는 깨달음입니다. 이제는 그 시간들이 저를 더 나은 사람으로 만들었다는 걸 알게 되었습니다. 불면증(사실 운동 부족이었지만)으로 잠을 이루지 못했던 괴로움도 결국 스스로를 알아가고 성장하는 과정이었고, 그 속에서 저만의 답을 찾을 수 있었습니다. 그렇게 다시 잠에 들고, 다시 일어나고, 매일 반복되는 일상 속에서 저는 조금씩 나아가고 있습니다.

고통을 이기는 법

▶ Growing Pain
투모로우바이투게더

삼십몇 년을 제멋대로 우왕좌왕 굴러가는 인생을 살면서 배운 점이 하나 있습니다. 가끔 오는 엄청난 고통은 큰 성장을 가져온다는 것입니다. 현재가 너무 괴롭다면, 그 뒤에 상상도 못 할 성장이 다가올 수도 있습니다. 잘하고 있다는 반증이라고 생각하면서 충분히 괴로워하길 바랍니다.

그리고 있는 이상과 현실이 다를 때 괴리감이 들곤 합니다. 정해둔 기준에 한창 미치지 못할 때요. 주변에서는 기준이 높아서 스스로 괴롭게 만드는 거라고 합니다. 저도 알고 있지만, 그 스트레스 속에서 고통을 뚫고 나왔을 때 많이 자라는 걸 겪으면서 살았기 때문이라고 해두겠습니다. 스트레스 속에 갇힌 기분이기도 합니다. '이따위로 안 살려면 어떻게 해야 할까'라고 생각하다 보면 해답을 찾을 때가 있어서요.

아무것도 아니던 시절의 경험이 결국 창작에 대한 제 생각을 바꾸었고, 무엇보다 중요한 건 고통을 견디며 성장해나가는 과정이라는 걸 알게 되었습니다. 처음에는 자주 좌절했지만, 그 안에서 얻는 교훈들은 점점 더 커졌습니다. 지금도 창작을 할 때마다 그때의 기억을 떠올립니다. 저만의 것을 만들겠다는 욕망과 그 과정에서 마주하는 고통, 그것이 저를 계속해서 앞으로 나아가게 하는 원동력이 되었습니다.

생각해 보면 창작 본능은 늘 있었습니다. 뭐든지 '나만의 것'을 만들고 싶었습니다. 고등학교 땐 판타지 소설에 빠져 있었습니다. 그때도 제가 쓰고 싶은 걸 써야겠다고 생각했습니다. 용이 나오고 칼싸움이 나오는 중세판타지였습니다. 글쓰기에 제법 흥미를 붙여서 2편까지 연재하며 학급 친구들과 돌려봤죠. 나름 반응이 뜨거웠는데 소설가가 저의 적성은 아니었는지 3편을 쓰다가 그만뒀습니다. 그때부터 창작이 필연적으로 고통을 동반한다는 걸 배웠죠. 제가 부족한 게 아니라 공부할 시간이 없어서라고 핑계를 댔습니다. 그래도 돌이켜 보면 항상 뭐든 '내 것'을 만들려고 연습했던 게 도움이 되었습니다.

그렇게 제가 만들어낸 것들은 모두 저를 비추는 거울이 되었고, 그 과정에서 얻은 고통과 성장, 그리고 만족은 언제나 함께하고 있습니다. 앞으로도 수많은 창작 과정 속에서 더 나은 저를 만들어가겠죠.

과거 파묻기

▶ Lonely Boy
(네 번째 손가락 위 타투)

투모로우바이투게더

미련 또한 사랑의 과정입니다. 가장 끝자락이긴 하지만요. 사랑할 때는 그 이면을, 행복할 때는 그 감정 뒤에 놓인 슬픔을 바라보려 합니다. 희망 뒤엔 또 다른 절망이 올지도 모른다는 인지를 마음 한구석에 조금이라도 준비해놓는 게 낫습니다. 그래야 감정에 지배되지 않으니까요. 한 치 앞도 모르고 감정에 충실하기에는 인간은 너무 연약합니다.

흔해 빠진 말이지만 누구나 원 앤 온리를 꿈꾸곤 합니다. 손쉽게 가질 수 없으니까요. 평생 함께할 동반

자가 생긴다면 운명 아닐까요? 무수히 넓은 우주를 떠돌아다니다 기적같이 딱 한순간에 알아볼 수 있을까요? 텅 비워진 공간이 비로소 채워진 느낌일까요? 저에겐 아직까진 고작 상상이지만요.

운명적인 존재를 찾기는 쉽지 않고, 사람의 감정도 함께했던 순간도 결국은 희미해질 수밖에 없습니다. 요즘은 기억이 빨리 흐려지는 걸 느낍니다. 지나간 일들은 어쩌다 지나간 게 되어버릴까요. 모든 순간은 왜 과거가 되는 걸까요. 가끔은 초능력자가 되어 행복한 순간을 영원히 간직하고 싶기도 합니다. 그래서 잊고 싶지 않은 순간은 기록을 하든 무슨 수를 써서라도 머릿속에 담아둡니다. 신경을 쓰지 않으면 휘발되기 마련이라서요.

그렇다고 수를 쓰지 않은 모든 순간을 기억하고 싶지 않다는 건 아닙니다. 그저 흘러가게 두어야 하는 일상들도 있으니까요. 모든 순간을 기억하려는 건 객기일 뿐입니다. 이처럼 지나가게 두어야 하는 관계도 있습니다. 미련 또한 사랑의 과정이라지만, 덮어놓기 좋은 끝자락이기도 합니다. 예전에 애틋하게 관계를 함께했던 사람을 오랜만에 만난 적이 있습니다. 일 때문에 우연히 만났는데, 솔직히 불편한 구석이 있었습니다. 예전에는 업무 얘기만 하는 사이가 아니었으니까요. 연락하지 않았던 몇 년 동안 오해도 있었고, 그 시간 동안 서로 너무 달라졌습니다. 저는 더 이상 그때의 제가 아닌데 그 시절의 장이정으로 저를 판단하고 넘겨짚는 행위가 썩 유쾌하지만은 않았습니다. 20대 초반의 장이정과 30대 초반의 장이정은 전혀 다른 개체니까요. 그동안 성장하지 않았으면 그것도 문제가 있는 거죠.

인간은 항상 변하고, 인간이 변하는 만큼 모든 만물도 달라집니다. 10년이면 강산도 변한다는 말이 있지 않습니까? 덮어놓다 못해 파묻어버려야 성에 차는 과거도 있습니다. 후회할 짓을 하지 않는 게 가장 좋겠지만 변화하며 과거를 반성하는 동물이 사람이니까요. 그런 변화의 면모가 있다는 게 사람의 장점 아닐까요?

우리 사이가 영원할 거라고 보장해줄 수 없고 모든 인연에 끝은 존재하겠지만, 그 끝이라는 걸 오래도

록 늦춰보고 싶습니다. 그리고 나중에 서로를 떠올렸을 때 소중하게 웃을 수 있는 시간을 안겨주고 싶습니다. 어디든 이별은 있습니다. '이별'이라는 단어에만 매몰되어 슬퍼하기엔 그 이전에는 함께한 시간이 있다는 걸 기억해야 합니다. 결국 인간이라는 생명체는 이별과 만남을 반복하며 추억을 쌓아가니까요.

피터 팬은 없어

▶ 네버랜드를 떠나며

투모로우바이투게더

스케줄을 소화하기가 버거웠습니다. 어디서부터 이야기를 시작해야 할지 모르겠지만, 갑자기 노래가 잘되지 않았습니다. 지금까지 노래만 하던 사람이었는데, 어느 순간부터 무대에서 노래하는 게 무서웠습니다. 여태껏 노래라는 게 루틴처럼 당연했기에 처음엔 컨디션 탓이라 회피하고 넘겼습니다. 번뜩 심각하다고 깨달았던 건 복도 끝에 계신 사장님을 보고도 '안녕하세요'라는 소리가 나오지 않을 때였습니다.

활동 마지막 1년 정도는 모든 무대를 앞두고 긴장감에 덜덜 떨었습니다. 그럴 때마다 멤버 형들은 막내를 걱정했지만, 딱히 건넬 수 있는 위로의 문장은 없었을 겁니다. 가수에게 목이 얼마나 중요한지 누구보다 잘 알고 있었을 테니까요. 그렇게 어영부영 시간이 흘러 그룹은 해체를 맞이했습니다. 아직도 목은 완전히 회복하지 못했고, 그룹 활동 시절의 라이브 영상은 도저히 볼 수가 없습니다. 너무 못하고 최악이라서요.

가수를 포기했습니다. 포기하기까지 (제 기준) 제법 오랜 시간이 걸렸습니다. 완전히 놓아두기엔 알량한 미련 따위가 남아서 놓아주지 못하고 근처를 서성거렸나 봅니다. 하이브에서 함께 일해보자는 윤기의 말을 뒤로 하고, 앨범을 내주겠다는 회사에 들어갔습니다. 그때까지만 해도 윤기를 비즈니스 친구라고 생각해서였을까요. 하지만 "나는 네가 노래하는 게 좋아. 노래를 계속할 거면 목부터 고쳐. 비용은 얼마든지 지원해줄 테니까"라고 말하던 그 순간은 방탄소년단 슈가가 아니라 분명 친구 민윤기였습니다.

윤기와는 서로 힘든 시간에 만나 같이 성장했습니다. 사실 제가 도움을 받고 윤기가 성장을 시켜줬죠. 가끔 우스갯소리로 윤기를 '아빠'라고 부르는 이유가 그래서입니다. 진짜 아버지에게 매번 말합니다. "장이정을 키운 건 아버지일지 몰라도, 프로듀서 엘 캐피탄을 키운 건 슈가니까요?"

　평생 진실이라고 믿었던 꿈이 현실의 벽에 부딪혀 무너지는 과정만큼 잔인한 게 있을까요? 누구나 현실을 깨닫고 좌절했던 순간이 있을 겁니다. 〈네버랜드를 떠나며〉는 자신이 서 있는 곳이 무책임한 꿈의 낙원이라는 것을 깨닫고 네버랜드를 떠나는 누군가의 이야기입니다. 제가 노래를 포기한 것처럼 주변의 수많은 누군가도 필연적으로 무언가를 포기하며 살아갑니다. 물론 이상을 현실로 만드는 사람도 어김없이 있겠죠. 지금보다 어릴 땐 그런 소수의 사람을 보며 저를 갉아먹기도 했습니다. 그러나 세상이 자기 마음대로 되는 사람은 없습니다. 그들이 전지전능한 신이 아닌 이상, 아무리 성공한 사람도 현실에 부딪힐 때가 분명 있습니다.

포기하기 싫었던 것, 어느 시점에 물어봐도 가수라고 대답할 것 같습니다. 정말 놓아주기 싫은 직업이었고 계속 미련은 남습니다. 지금은 '어차피 안 되는데'라는 심정 때문에 목을 더 마구잡이로 괴롭히기도 했습니다. 굳이 이 감정을 단어로 표현해야 한다면 잘 모르겠습니다. 이 세상에 그 많은 감정 표현 중에 제 기분을 적확하게 나타낼 수 있는 게 없는 모양입니다. 약간의 후회와 약간의 짜증과 약간의 미련이 남았겠죠. 그래도 작곡이라는 또 다른 길이 있으니 음악이 미워지진 않습니다.

그 순간을 어떤 방식으로 이겨내고 다른 길을 찾아 다시 나아갈지는 각자의 선택에 달렸습니다. 정해진 길은 없습니다. 저는 길을 잃은 모두가 계속해서 나아가길 바라며 응원하는 마음으로 살아갑니다. 어느 방향이 되었든, 길은 만들면 됩니다.

멈춘 줄 알았던 순간도,
다음 트랙으로 이어지는 간주였기에

클리셰

▶ 누아르
선미

모두가 기적 같은 영화의 주인공이 될 수는 없습니다. 학 종이나 네 잎 클로버 같은 촌스러운 낭만을 꿈꿨지만, 그건 이룰 수 없는 낭만일 뿐입니다. 클리셰처럼 누군가 우리의 진가를 알아봐주길 바랐는지도 모르겠습니다. 사람 일은 모르는 거니까요.

어쩌면 그날이 다섯의 마지막 무대일지도 모른다고 생각은 했습니다. 그래도 그런 마무리는 예상할 수 없었고 많이 허탈했습니다. 좋은 추억으로 살면 되겠지, 싶지만 돌아올 거라고 기다리면서 미련을 두는 것과 미래 없이 과거만 남아 있는 건 다릅니다.

웹 서핑을 하다 가수였던 저를 좋아했던 누군가의 글을 봤습니다. 저는 팬의 입장이 되어본 적이 없어 모릅니다. 저희가 해체했을 때 어떤 기분이었을지, 어떤 심경으로 바라봤을지 정확하게 알 수 없습니다. 그러면서 짐작이나마 해보려는 것도 기만 같습니다. 저도 힘들었지만, 저를 좋아해준 사람들은 얼마나 더 힘들었을지 감히 넘겨짚을 수 있는 영역이 아니라서요.

그들 때문이라도 가수를 포기하고 싶지 않았지만, 인생이란 마음대로 굴러가지 않더라고요. 세상은 너무 급변하고, 그 결과로 자기 자신을 객관화하고 자기 절제를 잘하는 게 어려워졌습니다. 이런 상황일수록 느리더라도 자신을 스스로 지키는 것이 중요합니다. 다른 사람들에게 보이지 않는 노력이나 신뢰가 중요합니다. 시대는 수만 가지로 변할지 모르지만, 본질은 절대로 변하지 않으니까요.

지금의 제가 말해줄 수 있는 건 그래도 저는 괜찮다는 겁니다. 제가 부를 노래를 만들진 않지만, 타인의 스태프가 되는 것도 나쁘지 않습니다. 속상했지만, 여전히 속상한지는 잘 모르겠지만, 그래도 저는 정말 괜찮으니 예전의 장이정을 응원했던 모든 이들도 괜찮길 바랍니다.

이별

▶ 이별아 멈춰라
EL CAPITXN

　　　　　　　　　　　새로운 사람을 만날 때면 그 사람을 더 잘 알고 싶어집니다. 요즘 이래저래 미팅할 일이 많습니다. '미팅할 일이 많다'의 동의어는 '새로운 사람을 만날 일이 많다'겠죠. 처음 만난 사람이 어떤 사람일지 파악하는 일은 쉽지 않습니다. 그래서 MBTI 같은 성격 유형 테스트가 나름의 힌트가 되기도 합니다. 테스트 결과로 사람을 나누고 싶지 않지만, 매번 자신의 결심을 반하고 마는 것이 사람이라는 생명체겠죠. 과몰입하면 피곤하지만 적당히 가지고 노는 건 타인을 평면적으로나마 파악할 수 있는 좋은 장치가 됩니다. 상대방의 MBTI를 알면 '이런 성향이려나?' 하고 예상도 해보게 되니까요.

MBTI가 생기기 전에는 사람의 눈빛으로 그들을 파악하곤 했습니다. 사람의 눈빛은 거짓말을 하지 않습니다. 그래서 저는 눈빛을 중요하게 생각합니다. 눈이 예쁘기보다, 눈빛이 예쁜 사람이 있습니다. 진심과 진실이 담긴 맑은 눈빛입니다. 눈빛은 감정을 그대로 드러내는 창 같은 존재입니다. 기쁨, 슬픔, 후회, 미련 같은 감정들이 가득 차 있을 때 사람의 눈빛은 더욱 진실해집니다.

노래도 눈빛처럼 감정을 숨길 수 없습니다. 어떤 노래든 가사에 푹 빠져서 감정을 담아 부르는 것이 중요합니다. 최근에는 케이팝 노래 위주로 작업하지만, 그 전에는 발라드를 즐겨 부르며 시간을 보내곤 했습니다. 감정을 실은 노래와 그렇지 않은 노래는 천지 차이입니다. 〈이별아 멈춰라〉는 공식적으로 녹음실에서 마지막으로 녹음한 노래입니다. 그 당시 목이 제대로 나오지 않았던 것치곤 결과물이 괜찮았습니다. 녹음할 당시에도 음이 제대로 맞지 않는다고 생각했기 때문입니다. 이별이 다가오는 걸 멈추길 바라면서, 저의 목 상태가 악화되는 것도 멈추길 바라며 애절하게 노래했던 기억이 떠오릅니다.

이별은 언제나 아프지만, 서로의 꿈을 위해 멀어지는 건 멋진 이별입니다. 예전에는 '사랑해서 이별하는 거다'라는 아득한 말을 이해할 수 없었지만, 이제는 알 것 같기도 합니다. 더 사랑하는 게 있는 거겠죠. 그게 꿈이든, 목표든, 어떤 대상이든 말입니다. 저는 음악을 더 사랑해서, 가수라는 직업은 놓아주었습니다. 그리고 모든 이별은 좋든 나쁘든 밑거름이 되어 성장의 발판으로 남겠죠. 우리는 그 발판을 딛고 나아가면 됩니다.

부적응

▶ **부적응**
(Feat. 예지) (Prod. 장이정)

나노

          부적응不適應에는 두 가지가 있습니다. 하나는 '익숙한 것의 사라짐', 또 하나는 '새로운 것과의 어색한 만남'입니다. 삶은 적응과 부적응의 반복되는 굴레입니다. 가만 생각해 보면 적응과 부적응은 한 끗 차이입니다. 모두가 어느새 부적응의 시간을 지나 적응하고 있습니다. 삶이 항상 적응의 순간으로 가득했으면 하지만, 그럴 수 없는 게 인생입니다. 뭐든 시간이 대부분 해결해주겠지만, 그 속에서 노력한 우리가 있다는 걸 잊지 않아야 합니다.

INTERLUDE

저에겐 익숙한 것의 사라짐이 부적응의 순간에 더 가깝습니다. 새로운 사람과의 만남은 오히려 은근한 두근거림을 일으킵니다. 최근엔 디제이에 도전하면서 관계자들을 많이 만나는데 그럴 땐 부적응의 감정도 설렘으로만 다가옵니다. 반대로 익숙한 것의 사라짐은 항상 두렵습니다. 예전에 '장군'이라는 삽살개를 5년 동안 키웠는데, 교통사고로 무지개다리를 건넜습니다. 이미 세상을 떠난 강아지를 안고 엉엉 울었던 기억이 여전히 생생합니다.

부적응의 순간은 결코 쉽지 않지만, 결국 우리는 그 시간을 지나 적응의 세계로 나아갑니다. 어떤 만남은 설렘을 동반하고 어떤 이별은 깊은 슬픔을 남깁니다. 하지만 모든 감정은 삶의 일부로 차곡차곡 쌓여갑니다. 고등학교 시절, 장군이를 떠나보내고 한동안 큰 상실감에 잠겼습니다. 빈자리가 너무 커서 그 자리를 채울 수 있을지 막막한 마음이 들었습니다. 하지만 시간이 지나면서 장군이와 함께했던 기억들은 점차 슬픔을 넘어 따뜻한 기억으로 남았고, 지금은 히동이라는 강아지와 새로운 인연을 이어가고 있습니다. 장군이를 향한 그리움은 여전하지만, 허동이와 함께하며 또 다른 사랑을 배웁니다.

익숙함이 사라지는 것에 대한 두려움도, 새로운 것과 마주하는 어색함도 결국엔 내면을 조금 더 단단하게 만드는 과정일지도 모릅니다. 그러니 우리는 오늘도 부적응과 적응 사이 어딘가에서 천천히 앞으로 나아가고 있는 중이겠죠.

히동이 덕분에 배운
새로운 사랑

외로움

▶ Don't Leave me
JBJ

누군가 떠날 때 가지 말라고 애절하게 외치는 심정은, 저는 아직 잘 모르겠습니다. 오로지 자신의 외로움을 채우기 위한 이기적인 선택일 수도 있지 않나요? 우리는 각자 저마다의 외로움을 품고 삽니다. 떠날 사람은 옆에 둬도 외롭기만 합니다. 제가 너무 비관적인 걸까요? 이처럼 외로움이란 감정은 복잡합니다. 우선 사랑해 마지않는 대상이 있어야 외로움이란 감정도 느낄 수 있습니다. 외로움이 계속 지속되면 그것에 점차 익숙해지기도 합니다. 저는 제가 외로운

지 잘 모르겠습니다. 물론 혼자 작업실에 있으면 심심하긴 하지만, 이것도 외로움이라고 할 수 있을까요?

외로움이 담배나 술 같은 1급 발암물질을 부르는 경우도 많습니다. 저는 음주를 즐기는 타입은 아닙니다. 맛이 없기도 하고, 체질상 맞지 않습니다. 소주는 한 잔만 마셔도 토할 정도니까요. 하지만 사회생활을 하다 보면 불가피하게 1급 발암물질을 털어 넣어야 할 때가 있습니다. 그래서 선택한 게 위스키입니다. 한 지인이 위스키는 증류주라서 숙취 없이 깔끔하다고 조언해주었는데, 꿀꺽 삼킬 용기는 없고 혀만 살짝 적셔보니 소주나 맥주보다 훨씬 나았습니다. 그래서 이젠 1급 발암물질을 피하지 못할 것 같은 자리에 가게 되면 무조건 저의 애장 술을 가져갑니다.

그렇게 저는 외로움을 달래기 위해 술을 찾지는 않지만, 때때로 어쩔 수 없이 술자리에 앉게 됩니다. 다행히 무작정 털어 넣지 않아도 되는 방법을 찾았죠. 위스키 한 모금으로 자리를 지키는 법을 배웠달까요. 어색한 분위기에서, 혹은 혼자만 동떨어진 기분이 들 때, 잔을 살짝 기울이는 제스처 하나만으로도 적당한 거리감을 유지할 수 있습니다. 하지만 중요한 건 술이 아니라 그 자리에서 느껴지는 감정일지도 모릅니다.

우리는 술을 핑계로 외로움을 숨기고 있는지도 모릅니다. 각자 저마다의 외로움을 안고 살아가면서도, 그걸 직접 마주하기는 싫으니까요. 그래서 함께 마시고, 함께 웃고, 때로는 감정을 꺼내 보이면서도 결국엔 아무도 서로의 진짜 외로움까지는 닿지 못합니다. 외로움을 나누려고 모인 자리에서 정작 더 깊이 외로워지는 순간도 있으니까요.

그럴 때마다 문득 생각합니다. 결국 외로움은 없어지는 감정이 아니라, 그냥 안고 살아가는 감정이라고요. 익숙해지면 사라진 것처럼 느껴지지만, 사실은 우리 안에 늘 자리 잡고 있는 감정입니다. 그렇다면 애초에 외로움을 부정하기보다, 그냥 우리의 일부로 받아들이는 게 더 나은 방법이 아닐까요?

절벽에서 외줄 타기

▶ 꿈에서
JBJ95

세상은 때로 잔인할 만큼 차갑습니다. 하지만 차가움 속에서도 여린 꽃이 피어나듯, 그 속에서 더 단단해지고 강해질 수 있습니다. 우리의 존재가 그 자체로 가치 있는 것처럼 말입니다. 저는 간절하면 꿈을 꿉니다. 꿈에서 반복되는 희망, 그리고 깼을 때 절망과 공허함 속에서 아슬아슬하게 꿈과 현실의 두 경계를 드나듭니다. 그러다 보면 어느새 두 경계가 합쳐져 있기도 합니다. 간절해지면 이뤄진다는 말을 믿거든요.

잠을 잘 때 꾸는 무의식의 장면들과 얻고 싶어 하는 순간을 이르는 말이 '꿈'으로 같다는 게 재밌습니다. 현실에서 계속 생각하면 무의식에서도 떠오르는 걸 '꿈夢'이라고 한다고 생각하면 너무너무 바라는 걸 '꿈志'이라고 하는 게 이해되기도 합니다. 그러한 연결점에서 같은 단어를 부여한 걸까요. 그런데 무의식이라 깨고 나면 가끔 생각도 나지 않는다는 점과 언제나 바라고 생각한다는 건 굉장한 대척점입니다. 그럼에도 같은 단어라니, 재미있지 않나요?

언어로 이루어진 낱말, 단어, 문장 그리고 이야기는 얼마나 경이로운가요. 인간이 이런 지점을 모두 차지하고 있는 동물 중 하나라고 생각하면 묘한 기분이 밀려옵니다. 인간만이 이야기, 즉 허구를 만드는 동물이라고 합니다. 주의해야 하는 상황을 아기들한테 동화로 설명하는 행위처럼요. 그래서 귀신 같은 대상을 생각할 때 그 두려움이 인간의 어떤 감정을 이야기로 만들고 싶어 하는 욕구에서 나왔다고 생각하면 겁이 조금 덜어집니다. 우리는 상실의 슬픔도 이야기로 해소하고 싶어 합니다. 반려견이 죽으면 저승의 입구에서 인간을 기다려준다거나, 하는 이야기 말입니다.

우리는 각자의 꿈속을 살아가고 있습니다. 그 이야기가 비록 아픈 순간을 품고 있을지라도, 우리는 그 속에서 의미를 찾으며 살아갑니다. 모든 고통과 기쁨, 외로움과 만남이 모여 우리의 삶을 만들고, 그 삶의 이야기를 통해 우리는 조금 더 단단해지고, 조금 더 성숙해집니다. 그렇게 우리는 끝없이 이어지는 이야기 속에서 서로를 만나고, 또 스스로 발견하면 됩니다.

불안

▶ 새벽에
에픽하이

새벽의 불안이 가장 크고 쓸데없다고 합니다. 너무 기쁘거나 슬플 때 무언가를 결정하면 안 되는 것처럼, 감정이 증폭되는 시간이라서요. 저는 제 인생이 엉망진창일 때 남의 인생이 가장 궁금합니다. 다른 사람의 인생이 나보다 더 엉망이면 엉망인 대로, 괜찮으면 괜찮은 대로 위로가 됩니다. '나만 이렇게 사는 게 아니야'라는 지점에서 오는 안도감이겠죠. 누구나 약간의 불안은 필연적으로 안고 사니까요.

가수를 할 때는 오히려 밝은 성격이었습니다. 딱히 좌절이라는 걸 겪지 않았으니까요. 저는 제 인생이 망할 것 같을 때 가장 불안합니다. 아이돌 시절엔 자꾸 주저앉아도 아직 어리고, 데뷔한 지 얼마 안 됐으니 볕 들 날이 오리라고 믿었죠. 하지만 화창한 성과는 오지 않고 해체해야 했을 때, 제가 가진 모든 것이 사라지는 기분이었습니다. 그때야말로 정말 불안했습니다. 하지만 그 시간을 쓰레기라고 폐기 처분할 수는 없습니다. 그때의 불안이 있었기에 지금의 제가 있는 거니까요. 그 시간을 지독하게 미워하기도 싫습니다.

애초에 인간은 불완전한 존재입니다. 우리 모두 온전히 태어난 게 아닙니다. 각자의 유전자와 양육 환경에 따라 다양하게 커갑니다. 인간의 성장 과정에서 결핍은 불가피한 존재입니다. 그 결핍을 성장에 활용할지 그대로 결핍에 잠식될지의 선택에 따라 삶이 이루어지겠죠. 더럽다고 피하기만 한다고 해결되지 않습니다. 불안도 결핍도 잘 헤쳐나가는 방법을 배워야죠. 그 누구도 완벽한 여정을 살아가는 건 아닙니다. 실수와 실패 속에서 우리는 하나하나 배워가고, 결국 더 나은 자신을 만들어갑니다. 모든 순간이 내게 필요한 시간이었음을 깨달았으니 더 이상 후회하지 않습니다.

누군가의 응원이 중요한 것 같지만, 때때로 우리가 스스로에게 가장 큰 힘이 되어야 한다는 걸 잊지 말아야 합니다. 자책하지 않고 자신을 믿는 것, 그게 제일 중요한 일이니까요. 때로는 꿈을 이루기 위해서, 또는 자신을 믿기 위해서 우리는 많은 시간을 기다려야 할 수도 있습니다. 그 시간이 길게 느껴질 수 있지만, 그 기다림이 바로 우리를 더 단단하게 만들어주는 시간이기도 합니다.

언젠가 그 기다림이 보상받는 날이 오게 될 것입니다. 조금 더 나아가고, 조금 더 기다려보는 그 과정이 결국 내일을 위한 발판이 될 테니까요. 시간이 흐르면, 오늘의 작은 걸음들이 언젠가 큰 의미가 될 겁니다. 그래서 저는 오늘도 그 작은 발걸음을 내딛고 있습니다.

다시 해보자

▶ Girls Never Die
트리플에스

항상 극단적으로 효율을 추구하는 편입니다. 최소한의 노력으로 최선의 효율을 끌어내는 게 좋습니다. 적게 일하고 많이 벌고 싶은 것처럼요. 하지만 〈Girls Never Die〉는 정말 저답지 않게 굴었던 작업입니다. 저 아니고서는 살릴 수 없다는 느낌을 강하게 받았거든요.

녹음이 끝나면 믹싱 작업을 합니다. 믹스는 사운드를 듣기 좋게 만드는 작업입니다. 책으로 따지면 초고를 다듬는 과정이겠네요. 매만져지지 않은 글을 그대로 출간할 수 없듯, 음악도 그 과정을 거쳐야 합니다. 어느 작업이든 그렇겠지만 작업자를 굉장히 많이 타는 영역이라 욕심을 부렸습니다.

믹싱 작업은 보통 전문 엔지니어에게 맡깁니다. 시간적으로도 그 시간에 다른 일을 하는 것이 더 효율적입니다. 하지만 이 곡은 조금 달랐습니다. 원래 제가 믹스를 맡을 일이 없는데, 이 노래는 꼭 제가 해야겠다고 결심했죠. 그렇게 시작한 작업이 무려 60번 이상의 수정으로 이어졌습니다. 그런데 또 한 가지, 멤버가 스물네 명인 걸 깜빡하고 녹음 파일을 받았더니 300개가 넘는 파일들이 쏟아졌습니다. 조금 후회는 했지만, '다시 해보자'라는 가사를 쓴 것처럼 무수히 다시 하며 사운드를 매만졌습니다.

'다시 해보자'라는 가사는 아직도 뿌듯합니다. 일상에서 발견한 기지거든요. 그 당시 탑라인 작업을 외국 작곡가와 함께 작업했는데, 제가 가장 많이 한 말이 바로 '다시 해보자'였습니다. 그 작곡가가 가장 유창하게 할 수 있는 한국말도 '다시 해보자'였죠. 그 지점이 웃기고 재밌었습니다. 그리고 트리플에스에게 주어진 '지친 소녀들을 향한 연대'라는 콘셉트에 잘 맞는다고 생각했습니다. 결국 트리플에스는 이 노래로 멜론 TOP 100 차트 첫 진입과 데뷔 이래 음악방송 첫 1위, 빌보드 2024년 최고의 K-POP, 이즘 2024 올해의 가요 앨범에 선정되며 커리어 하이를 달성했습니다. 창작자로서 가장 뿌듯한 순간은 많은 사람이 선택해줄 때입니다.

    이 노래는 다시 쓰러져도 일어나는 소녀들에 관한 이야기입니다. 실패를 두려워하고 낙오자에 대한 관용이 없어진 지금, 실패가 얼마나 값지고 멋있는 경험인지에 대해 노래합니다. 언제든지 다시 해보면 되는 겁니다. 무슨 일이든 다시 시도할 수 있는 자격이 있다고 믿으면서요.

하이 리스크 하이 리턴

▶ 여섯 번째 여름

플레이브

                영화에는 여러 장르가 있습니다. 공포, 로맨스, 드라마, 코미디, 액션, 판타지. 노래도 마찬가지입니다. 어쩌면 자연스러운 일이겠죠. 음악도 결국 메시지가 담기기 마련입니다. 저는 영화 〈시간을 달리는 소녀〉의 "미래에서 기다릴게!"라는 대사처럼, 짧으면서도 강렬한 한 문장 같은 노래를 쓰고 싶습니다. 무언가 주저리주저리 얘기하기보다 핵심만 딱 짚는 게 좋습니다. 곰곰이 생각하는 재미도 있고, 아무래도 깔끔합니다. 어떻게 받아들일지는 듣는 이에게 주어진 자유죠. 이렇게나마 타인에게 자유를 건네는 게 퍽 즐겁습니다. 마음이 통한다면 제가 심어둔 의미를 찰떡같이 알지 않을까, 괜히 그런 기대도 해봅니다.

〈여섯 번째 여름〉에도 열심히 의미를 숨겼습니다. 여름 특유의 분위기를 살려야 했고, 시공간이라는 단어를 듣자마자 타임리프를 연상했습니다. 곧바로 아까 말한 〈시간을 달리는 소녀〉가 떠올랐습니다. 이 곡은 특히 시간에 관련된 오브제가 많이 등장합니다. '반복', '계절', '여섯 번째', '여름', '영원' 같은 것들 말입니다. 그런 재밌는 요소들을 판타지적으로 부각하고 싶어 플레이브 작곡 멤버들과 의논해 지하철 소리와 시계 소리를 삽입했습니다.

원래는 도입부의 지하철 소리가 브릿지(반복되는 구절과 후렴 사이에서 분위기를 바꿔주는 파트)였습니다. 그런데 아무리 들어도 그 부분이 가장 감성에 젖을 수 있는 구간이기도 하고, 떠올렸던 이미지가 〈시간을 달리는 소녀〉인 만큼 도입부에 오는 게 더 효과적일 것 같아 배치를 옮겼습니다. 또 시계 소리는 즉흥적으로 믹스를 할 때 삽입했습니다. 노래가 끝날 때 시계 소리가 들리면서 '이들의 극복이 한낱 꿈은 아니었을까?' 하는 여운을 주고 싶었습니다. 그렇다고 건넨 자유에 딱히 정답 같은 게 있는 건 아닙니다. 마음껏 재미를 보라고 던져 준 게 자유니까요. 팬분들이 이것저것 다양하게 해석하는 걸 찾아보며 희열을 느끼기도 합니다.

제대로 음악을 시작하고 벌써 열세 번째 여름을 앞두고 있습니다. 어떤 여름은 괴롭기도, 어떤 여름은 우울하기도, 어떤 여름은 버겁기도 했습니다. 온전히 안온한 여름이 있었나 돌이켜 보면 아직은 모르겠습니다. 목표를 향해 죽을 만큼 달려서 이루고 나니, 오히려 열정이 없어진 상태로 2~3년을 살았습니다. '내가 지금 등 따숩고 배불러서 그런가?' 하는 생각도 엄청나게 했고요.

처음에 세웠던 목표를 이루고 나니 이루기 전이랑 상황이 많이 달라졌습니다. 예전에는 할 수 없었지만 지금 위치에서는 할 수 있는 게 많습니다. 지금은 프로듀서로서 조금씩 자리 잡아가고 있습니다. 저의 작업이

기사로 다뤄지기도 합니다. 그래서 그 성과들을 최대한 이용하다 보니 새로운 목표가 생겼고 더 거대해졌습니다. 요즘은 또 다른 꿈을 위해 처음처럼 열심히 달려가는 중입니다.

플레이브 멤버들을 돕는 것도 지금 위치에서 할 수 있는 것 중 하나입니다. 잘 모르는 사람들은 버추얼 아이돌 프로듀싱에 왜 참여했냐고 악의적으로 묻기도 합니다. 그런데 다른 거 다 차치하더라도 꿈을 놓지 못하는 그 마음을 알 것만 같았습니다. 저라도 이 사람들에게 주어진 기회에 도움이 되고 싶었습니다. 지금에서야 곡을 주겠다고 나서는 사람이 많지만, 그땐 아무도 해주려 하지 않았으니까요.

비행기가 처음 등장했을 때, 사람들은 하늘을 나는 것을 두려워했습니다. 하늘을 나는 것이 신의 뜻에 어긋나서 불운이 닥친다고 하기도 했죠. 하지만 세상은 빠르게 변하고 기술은 발전합니다. 그 변화를 언제 받아들이느냐의 차이입니다. 받아들이는 속도는 천차만별이겠지만, 결국 모두가 익숙해집니다. 지금의 우리는 해외여행을 갈 때, 교통수단으로 비행기를 타고 하늘을 나는 것이 전혀 이상하지 않은 것처럼 말입니다.

    그때도 지금도 여전히 한 겹 쓰인 편견을 벗기는 게 가장 어려운 퀘스트입니다. 처음엔 모두가 낯설어 했지만, 지금 제가 이렇게나 바쁜 것도 플레이브의 영향이 큽니다. 플레이브의 성공이 저에게 큰 역할을 주었습니다. 제가 지나온 여름들이 헛된 땀방울이 아니었듯, 누군가의 여름도 그렇지 않길 바랍니다. 알람 소리에도 꿈에서 깨지 않는, 그런 계절이 되길 바랍니다.

불확실한 정답

▶ Highway 1009

엔하이픈

누군가 제멋대로 설정한 비루한 인물의 인생을 사는 기분이었습니다. 하지만 이건 나의 인생이고, 실화라는 것이 제가 최선을 다해 버텨야 할 이유였습니다. 우리의 인생은 드라마가 아닙니다. 누군가 짠 나타나서 나를 이 고난에서 구해주지 않습니다. 컷! 소리가 나면 다음 장면으로 넘어가지도 않습니다. 견뎌내는 것, 해내는 것은 오로지 다 자신의 몫입니다. 또한 각자의 고통은 소설처럼 한 줄로 요약할 수 없습니다. 이 시절을 시시각각, 한순간도 생략하지 못하고 감내해야 합니다. 그래서 음악을 사랑하는지도 모릅니다. 누군가는 볼펜 한 자루도 나오지 않는 생산성 없는 일이라고 해도 사람들에게 꿈과 희망을 주잖아요.

상처를 치유하려면 굳이 헤집지 않아야 합니다. 저는 그래서 기다립니다. 인간은 망각의 동물이니 가만히 두는 게 최선입니다. 아픈 기억의 상처도 몸의 상처처럼 언젠가 낫겠죠. 망각은 신의 선물이고, 때로는 자기 보호의 수단이 되기도 합니다. 과한 스트레스를 받으면 뇌가 충격으로 그 기억을 지워버린다고 합니다. 망각할 수 없다면 너무 괴롭지 않을까요? 벗어날 수 없을 정도로 큰 상처를 안고 살아가기에는 인간은 너무 연약하고 단순합니다. 별거 아닌 순간에도 계속 트라우마처럼 생각날 테니까요.

이제는 지나간 고통을 지나온 곳에 두고 더 이상 붙잡지 않는 연습을 하고 있습니다. 무작정 삶은 아름답다는 게 아닙니다. 이렇게 삶은 고통스럽고 치열하지만 견디고 시도하고 노력하다 보면 좋은 날도 가끔 오고 행복한 순간도 옵니다. 우리는 그 가끔의 달콤함을 맛보기 위해 수많은 씁쓸함을 견디며 살아가는 겁니다. 저는 아등바등 험한 것들을 망각하며 살다 보니 여기 서 있습니다. 사실 아직은 좀 불편하게 서 있습니다. 언제쯤 이 자리에 편히 누울 수 있을지는 모르겠지만, 모쪼록 잘 헤엄쳐보려 합니다.

씁쓸할 줄 알았지만,
많은 것을 얻었던 미국

두렵지 않아

▶ MAMMA MIA

UNIVERSE LEAGUE

SBS 서바이벌 오디션 프로그램 〈유니버스 리그〉는 심사위원의 라인업을 듣고 출연을 결심했습니다. 프로그램에 참여해서 얻을 수 있는 이득이 확실히 존재했기 때문입니다. '엘 캐피탄의 곡이 좋구나'라는 말이 듣고 싶어서 꾹 참고 버텼습니다. 실제로 그런 반응을 얻게 되었으니 결과적으로 원하는 걸 챙겨온 셈입니다. 그리고 데뷔조인 아홉AHOF의 프로듀싱도 맡게 되었습니다. 제가 하겠다고 먼저 나선 것도 아니고, SBS 측에서 먼저 저를 아홉의 프로듀서로 떠올려주었습니다. 피디님, 센터장님들도 '우리 노래를 맡아줄까?'라는 회의를 하셨다니, 저의 가치가 높게 평가된 것 같아 뿌듯한 마음이 들었습니다.

처음에는 그저 한 명의 프로듀서로서 프로그램에 나가게 됐지만, 그 과정 속에서 진정한 저의 목표가 무엇인지 조금씩 깨닫기 시작했습니다. 처음에는 단지 제곡을 인정받고 싶은 욕망이었지만, 그 과정에서 팀 비트와의 연결고리가 저에게 얼마나 중요한 의미로 다가올지 몰랐습니다. 솔직히 그렇게 많은 열정을 태울 생각은 없었는데 하다 보니, 또 제가 맡은 연습생들이 지는 걸 보니 승부욕이 생겨 열심히 하게 되었습니다. 프로그램 중간에 팀 비트가 꼴등을 했을 땐 정말 화가 났습니다.

팀 비트는 제가 심사위원으로 출연해서 정이 든 아이들입니다. 정이 드니 이것저것 해보라고 시키게 됐습니다. 제가 아이돌 시절에 수동적으로 사느라 해보지 못한 것들을, 이 아이들은 미리 주체성을 경험하길 바랐거든요. 파이널 무대 때 작사를 시켰고, 그만큼 감동적인 무대가 나왔다고 생각합니다. 사람의 진심을 담는 것만큼 애절한 감정 전달은 없으니까요.

팀 비트 멤버들이 경연에서 졌을 때 가장 처음 들었던 감정은 '속상함'입니다. 그리고 이후에는 짜증이 밀려왔습니다. 저는 그런 사람이 아니거든요. 여기서 '그런 사람'은 '오래 보지 않은 타인에게 마음을 쏟는 사람'입니다. 저는 타고 나길 그런 사람이 아닙니다. 〈MAMMA MIA〉라는 곡은 아끼고 아끼다 누구에게도 주지 않았던 곡입니다. 이 곡에 찰떡같이 어울리는 가창자를 찾지 못한다면 영원히 제 컴퓨터 어딘가에 묻어두려고 했었죠. 그런데 팀 비트 멤버들이 멋있어 보였으면 하는 마음에 이 노래를 경연곡으로 건넸습니다. 솔직한 마음으론 더 비싸게 팔 수도 있는 곡이었습니다. 후회는 하지 않지만, 그렇게 숨겨둔 곡을 선뜻 팀 비트 친구들에게 건넨 저의 모습이 의아했습니다. 영원히 저는 '그런 사람'이 아닐 거라고 생각했는데, 순간순간마다 다른 선택 앞에 놓이고 그 결정에 어색함을 맞이하는 게 인간이라는 개체의 재미인가 봅니다.

INTERLUDE

제가 아꼈던 '차웅기'라는 출연자가 있습니다. 재능이 많은 친군데 노력까지 하니 예뻐할 수밖에 없습니다. 단순히 노력하는 게 귀염을 받고 싶어서가 아니라, 원래 굳은 심지를 가진 친구였습니다. 그런 점은 제가 오히려 아이들에게 배웁니다. 재능 있는 아이들이 노력도 하더라고요. 그래서 저는 그걸 단순히 '재능'이라고 치부하고 싶지 않습니다. 그 안에 얼마나 많은 시도와 노력이 있었을까요?

누구나 재능이라고 통칭할 만한 지점이 있습니다. 잠을 잘 자든, 숨을 잘 쉬든, 손가락이 가늘든 각자의 재능이라는 지점이 있습니다. 사람마다 각자의 특별한 그 재능을 발휘하기 위해서는 끊임없는 노력과 진심이 뒷받침되어야 합니다. 또한 저 자신도 과거의 경험에서 벗어나 더 넓은 시각으로 세상을 바라보게 되었고, 다른 사람과의 관계 속에서 더 많은 것을 배웠습니다. 팀 비트와 함께한 시간들은 제게 소중한 자산이 되었고, 앞으로도 그들의 성장과 저의 성장을 이어가며 음악과 사람을 잇는 길을 계속 걸어가고 싶습니다.

요새는 회사를 차리고 눈코 뜰 새 없이 바쁩니다. 처음 한두 달간은 아무 생각이 없었는데, 6개월 정도 지나니 회사를 성장시키려면 제가 해야 하는 일이 너무 많다는 걸 깨달았습니다. 아무 연고도 없는 사람한테 대뜸 찾아가서 자문도 구하고, 다른 엔터테인먼트 회사에 가서 물어도 봅니다. 그래서 그런지 막상 저의 작업은 할 시간이 점점 줄어듭니다. 근데 일은 점점 많아지고요.

그래도 지금은 할 수 있는 일을 죄다 끌어모아서 하는 중입니다. 제가 정말 아무것도 아닐 때, 하이브에 들어가기 전에 일할 거리가 하나라도 있었으면 좋겠다는 생각을 매일매일 했기 때문입니다. 지금은 일이 너무 많아서 쉬고 싶다가도 작업이 하나도 없어서 힘들던 그때를 생각하면 스스로 '이 간사한 새끼'라고 다그치게 됩니다. 2016년의 장이정을 생각해서 거만하게 굴지 말고 닥치는 대로 일하는 중입니다. 아무것도 없이 꿔다놓은 보릿자루처럼 있던 시절을 생각해야죠.

항해 로그

▶ WAY 4 LUV

플레이브

제가 작업한 노래로 최고의 성과를 기록하는 건 이루 말할 수 없는 고양감이 듭니다. 여태껏 수많은 아이돌의 노래를 만들었지만, 플레이브는 깨물어서 유난히 아픈 손가락입니다. 그만큼 더 눈에 밟히고 애쓰게 됩니다. 순탄치 않은 시작부터 함께해서일까요. 가끔은 훅 다가온 영화 같은 장면이 얼떨떨하기도 합니다. 〈트루먼 쇼〉 같기도 하고, 알고 보면 모두 다 연기자인 거 아닐까요? 〈WAY 4 LUV〉 발매 이후 버추얼 아이돌 최초로 음악방송 1위를 했을 땐, 말 그대로 정말 찢어지는 기분이었습니다.

악플을 공짜 마케팅이라 부르는 멤버들을 보며 걱정을 덜긴 했지만, 주변인으로서 속상할 수밖에 없습니다. 얼마나 노력해왔는지 가까이서 보았으니까요. 앞이 보장되지 않은 도전을 마냥 응원해줄 수 없는 건 당연하지 않을까요? 이 노래는 그런 기다림의 고난과 역경에 갇혔던 이들이 열심히 달려 항해의 행복을 맛보는 서사가 담겼습니다.

마음같이 따라주지 않는 세상과 부딪히려면 적당한 끈기가 필요합니다. 어떤 일이든 말입니다. 버거워서 때려치우고 싶었던 적이 셀 수도 없습니다. 앞으로도 계속 있겠죠. 그래도 끈기나 인내심 같은 것들이 결국 이기곤 합니다. 그 과정에서 세상이 엉망진창으로 보일 때도 있지만, 한 줌의 낯섦을 견디고 다정한 시선으로 누군가의 노력을 살펴본다면 그 안에서 원동력을 찾을지도 모릅니다.

**나와 항상 바쁘게
　　　움직여주는 기타**

삶의 자세

▶ Life Goes On
Agust D

　　　　　　　　　　바보처럼 살지 말자고 늘 생각합니다. 사람들 말을 곧이곧대로 듣고, 시키는 대로 하며 자아 없이 이리저리 휘적거리고 싶진 않습니다. 그래서 하이브에서 한창 직장인처럼 일할 때 그만두고 싶다는 생각을 5oo번도 넘게 했습니다. 조금만 더 부지런해서 행동으로 옮겼다면 지금 진주에서 잡초나 뜯고 있겠죠.

　　물론 아이돌 활동할 때는 부정적으로 생각하지 않았습니다. 그땐 뭐든지 다 좋았습니다. 지금 기준에서 그때의 생각은 바보에 가깝습니다. 아티스트로 살다가 스태프로 옮겨오면서 자연스럽게 생각이 바뀌었습니다. 프론트맨이 아니라 뒤에 빠져 있는 역할이니까요. 스태프들이 얼마나 힘들게 일하는지를 새삼 알게 되었고, 겪어보지 않으면 절대 모를 일이었습니다.

저는 노래를 하는 사람이었습니다. 남의 노래를 만드는 것에서 오는 허무감도 약간은 있습니다. 하지만 어디로 흘러갈지 모르는 인생, 한 번 사는데 그래도 살고 싶은 대로 살아야 하지 않을까요? 이별과 만남의 반복 속에서 어떤 일이 일어날지 한 치 앞도 모르는 인생이지만, 그럼에도 자신이 가고 싶은 방향으로 노를 저어야 합니다. 우리가 주인공인데요.

나중에 원하는 대로 살고 싶어서 지금은 채찍질을 열심히 하는 타입입니다. 납작한 목표로는 돈을 많이 벌고 싶습니다. 저는 자유와 돈이 어느 정도 같은 길을 간다고 생각하는 사람입니다. 그래서 지금은 돈을 위해 자유를 포기했습니다. 제가 생각하는 이상향에 3퍼센트 정도 왔다고 생각합니다.

여전히 혼란스러울 때도 있습니다. 가야할 길이 아직은 멀어서, 아득한 기분이 들기도 합니다. 그래도 결국 우리는 우리가 원하는 대로, 우리가 정한 길을 가야 합니다. 그게 우리가 가진 유일한 자유이기 때문입니다. 그 이야기가 멋지게 완성될 수 있도록 계속해서 힘내야 하겠죠.

어른이 되어간다는 건

▶ 점점 어른이 되나봐
(feat. 니화)

Agust D

어른이라는 게, 참 기준이 모호합니다. 평소에는 어른처럼 행동하다가도 어린아이 같은 면모가 나오곤 하니 말입니다. 우린 어쩌다 어른이 됐을 겁니다. 그래서 가끔 버겁기도, 어깨가 무거워지나 봅니다. 현대인들은 고민과 걱정 없이 잠드는 날을 행복이라고 합니다. 무엇이 이렇게 어른을 힘들게 했을까요? 어른이 뭐길래.

막연하게 꿈을 꾸다 보니 시간이 훌쩍 지나 서른이 되었고, 어릴 땐 나이가 들면 저절로 어른이 되는 줄 알았습니다. 하지만 어른이 되어갈수록 더 많은 선택으로 인한 책임이 따릅니다. 어른이 되어간다는 건 쉽지 않습니다. 저는 어쩌면 아직도 몸만 커버린, 내면은 아이이고 싶은 사람일지도 모릅니다. 도대체 어른이 뭘까요? 스스로 먹여 살려야 하는 사람일까요? 아무래도 우리가 어른이 버거운 건 수없이 주어지는 책임 때문인 듯합니다.

'우와! 나 어른이 됐나 봐!'라고 순간적으로 느낄 때도 있지만, 그건 잠시일 뿐입니다. 주로 씁쓸할 때가 더 많죠. 조금 계산적으로 생각하는 스스로가 현실에 찌들어버린 건 아닌가 싶을 때가 있습니다. 긍정적인 마음을 가지고 생활할 때는 주변에서 이제 막 시작하는 이들을 보면 도와주고 싶은 마음이 생깁니다. 제 영역을 침범하지 않는 선에서 도와주고 싶은 생각이 들 때, 어쩌면 어른이 되는 걸까요? 가끔은 저도 모르게 그런 오지랖을 부리며 '아, 내가 이렇게 늙었나?' 하는 생각하기도 합니다. 하지만 저도 많은 사람의 도움을 받아 여기까지 왔으니까요.

INTERLUDE

때로는 작은 부분에서 아이처럼 화를 내기도 합니다. 제가 정말 어른스러운 사람이었다면 차분하게 얘기했겠지만, 그런 상황에서는 모두 사라졌으면 좋겠다는 극단적인 감정만 밀려옵니다. 이런 감정을 가지면 스트레스만 받을 뿐인데도요. 그런 생각을 하며 저를 돌아보게 됩니다. '내가 이렇게 화가 나는 건 무슨 이유일까?' 싶어서요.

저는 하고 싶은 대로 하려는 성향이 강합니다. 제가 직장인이 아니니 가능한 성정이겠죠. 동시에 굉장히 현실적입니다. 그렇게 현실적이고 예측불허인 성격이 합쳐지면 '싸가지 없다'라는 말을 자주 듣는 사람이 됩니다. 그런데 그게 그렇게 나쁜가요? 누구나 어릴 땐 '멋진 어른'이 되고 싶다고 생각했을 겁니다. 다 크고 나니 그게 참 쉽지 않다는 걸 깨닫지 않나요?

멋진 어른이란 단순하게는 '책임을 지는 것'이 어른입니다. 망하든 잘되든 다 자신의 책임인 거죠. 저는 회사라는 조직을 만들며 책임이 많아졌습니다. 법인 설립이 현실로 다가오니, 그때부터 조금은 다르게 '나'를 느끼게 되었습니다. 회사라는 게 생각보다 더 체계가 필요하고, 그 체계를 갖추지 못한 사람들에겐 화가 납니다. '왜 나만 이렇게 열정을 쏟고 있을까?'라는 지극히 자기중심적인 사고만 하게 되니까요.

하지만 모든 상황 속에서도 근본적으로 중요한 건 '나 자신'이라는 걸 깨닫습니다. 결국 모든 일의 1순위는 자신이어야 합니다. 이제는 스스로를 돌보고 자신이 하고 싶은 일을 하면서, 시간이 나거나 여유가 생기면 다른 사람을 도와줍니다. 이 모든 것이 어른이 된다는 과정에서 생긴 깨달음 입니다.

물론 여전히 저는 아이처럼 보일 때가 많습니다. 지나치게 비관적일 때도 있고, 화를 내기도 합니다. 어쩌면 아직도 이상한 경계선에 서 있는 사람일지도 모릅니다. 그런 면도 어른이라고 볼 수도 있겠죠. 비록 아이 같고 때로는 화가 많지만, 결국 저만의 길을 찾아가는 중이니까요.

언제나 모든 건 상대적입니다. 스스로 제법 어른 같다고 생각하다가도, 더 큰 어른에 비하면 아직 어린 아이일 뿐입니다. 의젓하게 굴다가도 편한 사람의 앞에 선 투정을 부리는 게 사람의 본능입니다. 아무쪼록 우리 모두 스스로 기특하게 여길 줄 알았으면 좋겠습니다. 그래야 어른도 조금 덜 버거운 하루를 보내지 않을까요?

진짜 리스펙

▶ Respect
방탄소년단

모두가 저를 좋아할 수는 없습니다. 오히려 그게 더 이상합니다. 스스로에 대한 자신감이 있다면 타인의 시선은 중요하지 않아집니다. 그런 자신감이 생기려면 하고자 하는 것을 위해 보이지 않는 데서도 미친 듯이 노력해야겠죠. 뭐든 노력이 필요한 법입니다. 노력과 자신감은 스스로를 지킬 수 있는 실질적인 무기가 되어주곤 하니까요.

저를 싫어하는 사람이 떠오를 때, 반대로 저를 좋아해주는 사람을 손에 꼽아봅니다. 제가 좋아하는 괜찮은 사람들이 저를 좋아한다고 생각하면 자신감이 생깁니다. 그렇게 생각하는 게 제 최선의 노력이고, 나름의 무기입니다. 좋아서 하는 일도 어려운데 싫은 생각만 하고 살면 얼마나 끔찍할까요?

사람의 마음이 이리저리 자신도 모르게 점멸하는 걸 막을 순 없겠지만, 그래도 모든 끝에서는 냉정할 수 있는 용기가 필요합니다. 올바른 판단을 했다면 흔들리지 않아야죠. 자신을 '리스펙'하는 게 중요합니다. 그래서 스스로 한 선택을 의심하지 않으려 노력합니다. 이제는 어떤 상황이 와도 평정심을 유지하는 사람이 되고 싶습니다.

힙합이 한창 유행이었을 때, 리스펙이라는 말이 난무하다 보니 '이 사람이 말하는 게 정말 존중의 의미일까?' 하는 생각이 들었습니다. 뭐든 오남용하면 탈이 나기 마련이니까요. 저는 태어나서 여태 살면서 존경한다고 할 만한 사람이 거의 없는데, 딱 한 명을 꼽자면 저의 아버지입니다.

아버지는 원래 스님이었습니다. 10년 동안 절에서

살았고, 어느 절의 주지 스님이 되었습니다. 그때 근처 절에 외할머니가 보살님으로 계셨고, 어머니는 종종 외할머니 일을 도우러 오셨습니다. 하루는 아버지가 산책을 나갔다가 어머니를 보게 되었고, 그날 사랑에 빠지셨다고 해요. 스님을 그만뒀으니 지금 제가 있겠죠? 제가 가끔 '리스펙' 같은 의미로 사용하는 단어인 '락스타'가 이런 지점입니다. 진짜 락을 하는 스타여서 락스타가 아닌 거죠.

그렇다면 진짜 락스타는 무엇일까요? 사람들이 멋있다고 선망하는 락스타같이 매사에 연연하지 않는 멋진 사람입니다. 저의 아버지가 정말 락스타 아닐까요? 어머니가 절에 들른 그 날, 아버지는 스님의 신분을 내려놓고 새로운 삶을 다짐했습니다. 그렇게 태어난 저는 그저 우연의 결과일지도 모릅니다.

하지만 제 삶은 어쩌면 그 순간부터 이어져온 특별한 연대기처럼 느껴집니다. 스님으로서의 삶을 뒤로하고, 사랑을 선택한 아버지와 그 만남으로 시작된 인연이 오늘의 저를 만들어줬으니까요. 스님이었던 아버지가 품었던 사랑과 삶의 변화는, 지금의 제가 무엇을 선택하고, 어떤 길을 걸어가야 하는지에 대한 중요한 단초가 되어줍니다. 아버지는 제가 '진짜 리스펙'하는 영원한 저의 락스타입니다.

기약

▶ Take Two
방탄소년단

'Every cloud has a silver lining(모든 구름에는 은색 가장자리가 있다).' 어떤 어려운 상황이나 고통 속에서도 언젠가는 긍정적인 변화나 희망이 있을 것이라는 의미의 격언입니다. 구름 속의 은빛 가장자리처럼, 어두운 상황 속에서도 희망의 빛이 있다는 거죠.

저도 남들처럼 슬럼프가 온 시기가 있습니다. 어디로 가야 할지 모르는 시기가 있었습니다. 그런데 지금은 또 어떻게든 길을 찾아서 달려가고 있습니다. 지금이 순간이 엉망이고 아무것도 못 할 것 같다는 생각이 들어도 괜찮습니다. 버리고 새로운 것들로 다시 채우면 되는걸요.

〈Take Two〉는 저한테 의미가 큰 노래입니다. 방탄소년단의 수록곡들만 작업하다가 처음 맡은 싱글 앨범의 타이틀입니다. 제가 하이브와 처음 일하게 되면서 세웠던 목표가 방탄소년단의 타이틀곡에 참여하는 거였습니다. 그래서 저에게 의미가 깊은 노래이기도 하고요. 누군가는 짧은 시간에 이뤄낸 성과라고 하겠지만, 저로서는 기약 없는 기다림이었습니다.

당시 팬데믹 시기였는데, 개인적으로는 재택근무를 해서 좋았습니다. 분명히 쓸데없다고 여기던 것들을 잃고 외롭기도 했습니다. 바로 인간과의 관계입니다. 전염병으로 인해 많은 것이 멈췄지만, 제게 가장 크게 다가온 변화는 인간관계였습니다. 하지만 작업에 몰두하다 보면 가끔 인간관계에 대한 생각이 스쳐 지나갑니다. 가까워지면 피곤하다가도, 막상 멀어지면 또 허전한 관계 말이죠. 모든 인간이 이렇겠지만, 막상 또 과하게 엮이면 쓸데없다고 생각하긴 하지만요.

저는 애매한 '관종'입니다. 사실 애매하게 관심을 받고 싶다기보단, 너무 관심받고 싶어 하는 건 유치한 어린 아이 같아서요. 그래서 저에겐 내향 이정이와 외향 이정이가 있습니다. 마치 〈인사이드 아웃〉의 감정들처럼요. 개중에 외향 이정이가 이긴다면 지금보다 한 발짝 더 나아간 사람이 될 수 있을까요?

나만의 색채

▶ Blue Moon
히스토리

            2014년 즈음에는 지드래곤을 좋아했습니다. 자연스레 따라 해보려는 마음이 생겼고, 덕분에 작곡도 시작하게 되었습니다. 무대 위의 모습이 워낙 인상 깊었기에, 저도 세상에 없는 저만의 곡을 만들고 싶다는 열망이 생겼습니다. 처음에는 기존 발매 곡의 인스트에다 새로운 멜로디와 가사를 덧붙였습니다. 하지만 트랙이 주는 감정과 분위기가 있어야 곡이 써졌으니, 모든 MR이 가능한 건 아니었습니다. 스무 살 무렵, 그렇게 몇십 곡을 쓰다 보니 어느 순간 더

INTERLUDE

붙일 수 있는 MR이 없었습니다. 결국 MR까지 직접 만들어야겠다고 다짐했습니다. 처음부터 끝까지 제가 완성하는, 온전한 제 곡의 시작이었습니다.

〈Blue Moon〉은 자작곡 가운데 처음으로 앨범에 수록된 곡입니다. 블루문은 한 달에 두 번 보름달이 뜨는 현상에서 두 번째로 뜨는 불안과 애틋함이 깃든 달을 뜻합니다. 해가 세 번 바뀌는 동안에야 한 번 찾아오는 드문 존재인데, 사람들은 정작 무심하게 지나치곤 합니다. 왠지 달 가운데 가장 외로운 달 같다고 생각했고, 스물둘의 저는 그런 감정을 하나의 곡으로 담아내고 싶었습니다.

그 감정의 이름이 블루문이었습니다. 한밤중에 달을 바라보며 무언가를 기다려본 적이 있나요? 당시 저는 그 상징을 깊이 이해하지는 못했습니다. 사실 블루문이라는 단어가 멋있어 보여서 썼던 것도 맞습니다. 다만 돌이켜 보면, 그 무렵엔 혼자서 달과 마주하는 시간이 꽤 많았습니다. 누군가를 동경하며 시작한 작곡이었지만, 어느 순간부터는 제 안에 있는 감정을 꺼내 곡으로 옮기는 일이 더 중요해졌습니다. 그 과정에서 어설펐지만 솔직한 저만의 음악이 조금씩 생겨났습니다. 그렇게 작은 감정들을 쌓아 올리는 시간이, 지금 생각해 보면 저에게는 무엇보다 귀한 연습이자 기록이었습니다.

이 곡의 멜로디와 가사는 처음부터 끝까지 혼자 만든 곡입니다. 당시의 저는 아직 미숙했기에, 아쉬움이 남는 지점도 많습니다. 곡을 쓰는 일도, 디렉팅을 하는 일도 마찬가지였습니다. 데뷔 이후에는 오히려 그런 부족함을 이야기해주는 이가 거의 없었다는 점이 가장 아쉬웠습니다. 스스로 실력이 부족하다는 걸 느끼고 있었지만, 아무도 짚어주지 않으면 아직 부족하다는 감각조차 흐려지기 마련입니다.

그런 시간이 길어질수록, 누군가의 한마디가 얼마나 중요한지 절실하게 느끼게 되었습니다. 말 한마디, 조언 하나가 삶의 방향을 바꿀 수도 있다는 걸요. 시행착오를 겪는 동안, 제가 의지했던 기억과 영향들은 대부분 한 사람이 전해준 말이나 태도에서 비롯되었다는 걸 떠올렸습니다. 한 사람이 가진 영향력은 생각보다 큽니다. 누군가의 삶을 바꾸거나, 단단하게 굳은 사고방식을 흔들어놓기도 하니까요. 저에게 지드래곤이 그랬던 것처럼요.

지금은 예전처럼 누군가를 똑같이 따라 하기보다는, 시대의 흐름에 자연스럽게 맞춰가고 싶습니다. 요즘은 팝적인 스타일이 대세다 보니, 영어로 가사를 써 보고 영어 공부도 다시 시작했습니다. 현재는 멜로디를 쓰는 일은 잠시 멈춘 상태입니다. 멜로디를 쓰려면 가이드를 불러야 하는데, 지금의 목 상태로는 그 작업이 쉽지 않기 때문입니다. 생각해 보면 노래를 온전히 부를 수 있었다면 가수를 그만두지 않았을지도 모르겠습니다. 그랬으면 평생 작곡의 재미도 알지 못한 채 지나쳤을 수도 있었겠지요. 인생이라는 건 언제나 예측한 대로 흘러가지는 않지만 흐르던 방향이 바뀌더라도, 그 안에서 저만의 길을 찾아가면 된다고 믿습니다.

찐득찐득한 마음

▶ 젤리
핫샷

신기한 세상입니다. 없으면 죽을 것 같던 사람이 하루아침에 싫어지기도 하고 의외의 사람한테 사랑에 빠지기도 하는 하루를 보냅니다. 사랑했던 것들이 아무것도 아닌 게 될 때는 씁쓸한 감정이 듭니다. 그런데 또 그것들이 별거 아니게 될 만큼 제가 자랐다는 사실에 기쁘기도 합니다. 아니면 싫다는 감정이 생길 만큼 제가 기민해진 거겠죠.

우리가 느끼는 부정적인 감정 또한 그렇습니다. 슬픔은 반드시 지나갑니다. 지금 겪고 있는 고통이 영원할 것 같지만 모든 것들은 지나가기 위해 오는 법입니다. 필요한 건 그저 약간의 시간뿐입니다. 과한 집착은 오히려 무엇이든 멀어지게 만들거든요. 슬라임도 뜨거운 손으로 만지면 좍좍 들러붙습니다. 작업도 마찬가지입니다. 집착하듯이 하면 제대로 나오지 않습니다. 편한 마음으로 하면 오히려 술술 풀리고요. 열정과 집착 그 사이 간격을 잘 조절하는 게 능력이고 연륜입니다.

사실 돈 벌려고 하는 건데 뭐든 적당히 효율적으로 노력하는 게 좋지 않겠습니까. 하지만 그땐 성공에 눈이 멀어 그런 태도를 지니고 일하는 게 어려웠습니다. 어느 순간 그런 찐득찐득한 마음도 씻어낼 수 있게 되었습니다. 영원한 건 없다는 허무함을 깨달은 걸지도 모릅니다. 영원永元의 사전적 정의는 '시간을 초월하여 변하지 아니함'입니다. 영원한 건 절대 없다는 걸 모두가 아는데 '영원'이라는 단어가 생긴 것도 신기합니다. 영원을 바라는 마음에서 불어온 거라고 제멋대로 생각하고 나면 과하게 낭만적인 감상일까요? 물리적으로나 생물학적으로나 어떻게 영원이라는 게 있겠습니까. 사람 세포도 끊임없이 죽고 다시 만들어지잖아요. 저를 구성하는 세포도 무수히 많은 변화를 겪습니다. 저를 구성하는 세포조차 '영원'이 아닌걸요.

몇 년 동안 '나'라는 사람의 일관성이 유지될 수는 없습니다. 이전과는 다른 곳에 살고 있고, 새로운 직업을 찾았고, 함께 일하는 사람들도 모조리 달라졌습니다. 일상에서 크게 달라진 것은 없지만, 과거의 제가 몰랐던 방식으로 생각하기도 합니다. 그럼에도 '영원은 있다고 생각하세요?'라는 질문은 재밌습니다. 과학적으로 영원할 수 없다는 걸 모두가 알지만, 다른 식으로 해석해보려는 인간의 심리적 영역이니까요. 끝을 알고 있으니까 충실할 수 있는 거죠. '나'의 마음속에 영원히 있는 것도 '나'가 사라지면, 함께 증발해버릴 뿐입니다. 언제까지나 보존될 거면 아름다움을 어디서 찾나요. 영원한 건 없으니까 더 아름다운 거겠죠. 모든 인간은 존재하지 않는 것을 향해, 가질 수 없는 것을 향해 욕심을 뻗곤 하니까요.

누군가는 왜 그렇게 힘든 길을 택했냐고 말할지 모

릅니다. 그때마다 저는 결국 그 길이 저를 만나는 길이었다고 대답합니다. 어려운 순간마다 그저 한 걸음씩 더 나아가고, 그걸 통해 더 나은 사람이 될 수 있었습니다. 빠르게 속도를 내어 뛰어가지 않아도 괜찮습니다. 천천히 걸으며, 인생에서 놓치기 쉬운 소중한 순간들을 하나하나 바라보는 시간이 필요하니까요. 가끔은 걸음을 멈추고 주변을 돌아보는 것이, 우리가 지나쳐 온 길에서 진정한 의미를 찾는 방법이기도 합니다.

우리는 스스로 소중히 여기는 법부터 익혀야 합니다. 본인을 가장 잘 이해하고 지켜줄 사람은 자신뿐이니까요. '나'에게 타인은 영원히 옳은 가치가 될 수 없습니다. 남들의 평가에 매몰되는 새벽을 보낼 필요는 없습니다. 어떤 기준을 가지고 살아도 모든 사람에게 좋은 사람일 수는 없습니다. 타인의 시선을 의식하느라 내 삶을 제대로 살아가지 못하는 일이 없어야 합니다. 나 자신을 더 아끼고 존중할 때, 비로소 흔들리지 않는 삶을 살 수 있거든요.

과거의 상처와 부족했던 순간들이 자신을 무너뜨

리는 게 아닙니다. 오히려 상처는 지나가지만, 스스로 만든 벽은 오랫동안 우리의 발목을 잡고 있습니다. 타인에게 기대어 사는 습관을 버리고, 스스로 단단하게 만드는 것이 중요합니다.

인생이 언제나 하향 곡선으로 향하진 않습니다. 한 가지 슬픔이 지나가면 행복이 찾아오고, 그 뒤엔 또 다른 슬픔이 이어지겠죠. 마치 파도가 밀려오고 물러가듯 감정도 순환합니다. 슬픔을 외면하려 할수록 오히려 더 깊이 빠져들게 됩니다. 그러니 우리에게 찾아온 슬픔을 있는 그대로 받아들여야 합니다.

저를 가장 힘들게 했던 것은 성공하지 못한 현실도, 재능이 부족하다는 불안도 아니었습니다. 마음이 어디에도 정착하지 못하고 떠도는 느낌때문이었습니다. 마치 진정한 삶은 아직 시작되지 않은 것처럼, 늘 허공에 떠 있는 듯한 기분이었습니다. 하지만 우리는 유한하기에 더 빛나는 존재입니다. 끝이 없었다면 소중함도 존재하지 않았을 겁니다. 기한이 정해져 있기에 지금 이 순간이 더욱 특별해지는 것이겠죠.

벚꽃은 짧고 화려하게 피고 집니다. 그리고 우리는 그 덧없음에서 아름다움을 느낍니다. 어쩌면 제가 꿈꾸는 가장 찬란한 순간은 결코 오지 않을지도 모릅니다. 아주 희박한 확률 속에 존재하는 것일 수도 있겠죠. 하지만 인간은 가능성을 좇으며 살아가는 존재입니다. 설령 이룰 수 없는 꿈일지라도, 그것을 향해 나아가는 과정이야말로 우리의 삶을 가치 있게 만듭니다. 모두가 각자의 꿈을 가졌기에 지구가 발전하여 굴러가는 겁니다. 누가 우리더러 허무맹랑한 꿈을 꾼다고 타박할 수 있을까요?

**영원히
음악 곁에
있고 싶은
마음**

이루리

▶ 꿈의 소녀

유니스

　　　　　　　　저는 여전히 꿈을 꾸며 살아가고 있습니다. 새로운 꿈을 꾸며, 과거의 꿈을 잊지 않으려고 노력합니다. 〈꿈의 소녀〉라는 노래를 만들 때도 그랬습니다. 꿈꾸는 사춘기 소녀들의 불안하지만 벅차오르는 감정을 표현하고 싶었습니다. 2025년도 연 나이 기준으로 서른셋이 된 저는 사춘기 시절이 가물가물하지만, 그때의 고비들을 떠올리며 다른 이의 꿈을 위해 열심히 작업했습니다.

돌이켜 보면 꿈을 꾸던 모든 순간이 지금의 저를

이루었습니다. 저는 프로듀서로 하이브와 처음 일하기 시작한 스물여섯이 제일 인상 깊은 시기입니다. 장이정이라는 사람이 제2의 인생을 시작한 시점이니까요. 결코 쉬운 길은 아니었습니다. 아주 많은 것들이 바뀌었습니다. 가수에서 스태프의 역할로 자리하면서 묘한 기분이 들기도 했습니다. '이게 내가 원하던 길인가?'라는 회의감도 들었고요. 암담한 순간들도 잦게 찾아왔지만, 그저 참고 견디다 보니 어느덧 잘 풀리고 있음을 느낍니다.

스물여섯에서 서른까지 정말 열심히 버텼습니다. 그때는 저에게 선택권이 별로 없었고, 모든 것이 벅차게 느껴지기만 했습니다. 지금은 제가 하는 일에 대해서 주체적으로 선택하고 결정할 수 있는 여유가 있지만, 그땐 정말 버텨야만 했던 시간이었습니다. 그 시간이 있었기에 더 값지고 의미 있는 지금을 보낼 수 있다고 생각합니다.

잘 되니까 재밌는 거라고 말하는 사람도 있지만(그 말도 맞긴 합니다), 저라고 이렇게 될 줄 알았을까요? 아직도 믿기지 않는 날이 대부분입니다. 어쩌다 잘 되고 어쩌다 다시 괜찮아집니다. 저는 그 순간을 용기로 동기부여 삼아 또다시 처음 겪는 길을 향해 달려가는 중입니다.

    꿈을 꿔왔고, 새로운 꿈을 안고 미래를 바라보고 있는 사람으로서, 세상의 모든 꿈을 꾸는 사람들이 그 여정에서 상처받지 않고 좌절하지 않길 바랍니다. 때로는 어려움에 부딪히고 생각한 현실이 아니더라도, 헛된 꿈이 아니라 하나의 목적지로 향하는 길이라 생각했으면 좋겠습니다. 그것이 성공일지, 실패일지는 끝까지 아무도 모르는 거니까요. 그러니 꿈을 향해 나아가는 여정에서 어려움이 닥치더라도, 그 길을 계속 걸어가길 바랍니다.

인생은 언제나 라이브

▶ Generation
트리플에스

대중에게 무조건 통할 것 같은 감을 찾고 처음으로 자신 있게 한 작업이 〈Generation〉입니다. '통했다!'라고 직감했을 때, 그 기분만큼 짜릿한 건 또 없습니다. 당시 트리플에스는 신인이었고, 대기업 자본 아래 있는 그룹도 아니었습니다. 데뷔곡의 프로듀싱을 맡았을 때 제대로 된 한 방이 필요하다고 생각했죠. 무조건 후킹될 수 있는 파트를 만들자고 마음먹었습니다. 소속사 측에서 펑키한 느낌을 원한다는 지침을 주었고, 그렇게 고심해서 나온 파트가 바로

'랄랄라'였습니다.

'랄랄라' 파트는 트리플에스에게 빼놓을 수 없는 정체성이 되었습니다. 케이팝을 향유하는 많은 이들이 그 부분을 좋아하고, 그룹의 색깔까지 정의할 수 있으니 마음 차게 뿌듯합니다. 그런데 그 정체성이 저에게는 때때로 묘한 감정을 불러일으킵니다. 지금 제가 어디에 있는지, 얼마나 멀리 왔는지 스스로 알지 못할 때가 있습니다. 그럴 때마다 내일이나 그다음 날은 어쩌면 오늘보다 더 나은 사람이 될 수 있을 거라고 생각합니다. 언제나 시작은 아주 작은 변화에서부터 시작되니까요. 그 작은 변화들이 우리를 조금씩 더 나은 곳으로 이끌어줄 것입니다.

이렇게 떠드는 저는 정작, 아직까지는 저지르고 싶어서 찾아가는 단계입니다. 디제잉이 재밌기는 한데 어렵습니다. 한 무대가 저만을 위해 주어진다는 지점은 아이돌과 다를 게 없지만, 그 부분을 제외하곤 모든 게 다릅니다. 아직은 디제잉만 해도 바빠서, 디제잉에서의 제 색깔과 방향은 아직 찾아가는 중입니다. 디제잉을 하면서 어떻게 하면 더 멋있어 보일 수 있을지는 앞으로 고민해봐야겠죠. 하지만 그 어려움이 바로 저를 성장하게 만드는 기회라는 걸 알게 되었습니다. 매번 무대에 설 때마다 새로운 도전이 기다리고 있고, 그 도전 속에서 자신을 발견해나가는 과정이 참으로 흥미롭습니다.

영원한 건 정말 행복할까요? 그것보다 중요한 건 지금, 이 순간 아닐까요? 행복한 순간에는 시간을 멈추고 싶지만, 시간이라는 게 어느 순간에 멈춰 있지 못해 낭만적인 거니까요. 그러니 영원히 살아도 결국 중요한 건 지금입니다. 인생은 늘 그렇듯 실시간으로 흘러갑니다. 운이 좋아 어쩌다 영생을 산다고 해도 이 순간 흘러가는 현재를 맛봐야 하는 건 변하지 않습니다. 그러니 지금 이 순간을 살아가는 것이 진정으로 중요한 일 아닐까요?

무엇을 하든 해보고, 저질러야 비로소 무언가를 얻을 수 있습니다. 그러다 보면 가끔은 충동으로 모든 걸 결정하고 말 때가 있습니다. 나중에 시곗바늘이 달려 그 결정을 탄식하게 된다고 해도, 인생은 언제나 라이브니까요. 부딪히고 깨져도 상관없을 때가 옵니다. 살면서 몇 번 오지 않을 행운 같은 순간이죠.

어떤 길을 가고 있을 때, 그 길의 끝이 보이지 않아 불안하기도 하고, 때로는 자신이 가고 있는 방향이 맞는지 의문이 들기도 합니다. 하지만 그런 순간이 오히려 '진정한 나'를 찾아가는 과정이 아닐까요? 저는 때때로 자신을 의심했고, 그 의심이 깊어질수록 오히려 제 안에서 숨겨진 용기를 발견하곤 했습니다. 그 모든 의심과 혼란 속에서 길을 잃지 않고 다시 일어설 수 있었던 건, 그만큼 제가 간절히 꿈을 이루고 싶었기 때문입니다. 우리의 내일은 우리의 손에 달려 있습니다. 의심과 불안이 찾아와도, 그것을 이겨낼 힘은 이미 자신의 안에 있다는 것을 기억하길 바랍니다.

이제는 그 모든 실패와 역경의 시간이 필요했다는 것을 알고 있습니다. 도전하고 실패하며, 다시 일어나기를 반복하는 그 과정이 있었기에 지금의 제가 존재할 수 있었습니다. 여러분도 그런 인터루드의 시간을 지나고 있을지도 모릅니다. 이번 간주가 지나고 나면, 여러분은 더 강해져 있을 겁니다. 세상이 여러분을 시험하고, 그 과정에서 상처를 입을 수도 있지만, 그 상처들이 결국 여러분을 더 단단하고 아름다운 사람으로 만들어 줄 것입니다. 한 번의 실패로 끝나는 이야기는 없습니다. 우리에겐 아직 남아 있는 꿈들이 많으니까요.

우린 아직 인터루드에 있어

2025년 6월 23일 초판 1쇄 발행

지은이 엘 캐피탄
펴낸이 이원주

책임편집 류지혜　**디자인** 정은예
기획개발실 강소라, 김유경, 강동욱, 박인애, 고정용, 이채은, 최연서
마케팅실 양근모, 권금숙, 양봉호　**온라인홍보팀** 신하은, 현나래, 최혜빈
디자인실 진미나, 윤민지　**디지털콘텐츠팀** 최은정　**해외기획팀** 우정민, 배혜림, 정혜인
경영지원실 강신우, 김현우, 이윤재　**제작실** 이진영
펴낸곳 (주)쌤앤파커스　**출판신고** 2006년 9월 25일 제406-2006-000210호
주소 서울시 마포구 월드컵북로 396 누리꿈스퀘어 비즈니스타워 18층
전화 02-6712-9800　**팩스** 02-6712-9810　**이메일** info@smpk.kr

ⓒ 엘 캐피탄(저작권자와 맺은 특약에 따라 검인을 생략합니다)
ISBN 979-11-94775-22-7 (03810)

- 이 책은 저작권법에 따라 보호받는 저작물이므로 무단전재와 무단복제를 금지하며, 이 책 내용의 전부 또는 일부를 이용하려면 반드시 저작권자와 (주)쌤앤파커스의 서면동의를 받아야 합니다.
- 잘못된 책은 구입하신 서점에서 바꿔드립니다.
- 책값은 뒤표지에 있습니다.
- 비에이블은 (주)쌤앤파커스의 브랜드입니다.

쌤앤파커스(Sam&Parkers)는 독자 여러분의 책에 관한 아이디어와 원고 투고를 설레는 마음으로 기다리고 있습니다. 책으로 엮기를 원하는 아이디어가 있으신 분은 이메일 book@smpk.kr로 간단한 개요와 취지, 연락처 등을 보내주세요. 머뭇거리지 말고 문을 두드리세요. 길이 열립니다.